粤港澳大湾区青年研究丛书

志愿相伴青春路

——广东中学生志愿服务实用教程

主　编　汪彩霞

副主编　凌　莉

编　委（按姓氏笔画排序）

马　凯　李凌鸥　张夏妮　胡启谱

華南理工大學出版社
SOUTH CHINA UNIVERSITY OF TECHNOLOGY PRESS
·广州·

图书在版编目（CIP）数据

志愿相伴青春路：广东中学生志愿服务实用教程/汪彩霞主编. —广州：华南理工大学出版社，2022.12（2024.11重印）

ISBN 978-7-5623-6946-2

Ⅰ.①志… Ⅱ.①汪… Ⅲ.①中学生－志愿－社会服务－广东－教材 Ⅳ.① G635.5

中国版本图书馆 CIP 数据核字（2021）第 254906 号

Zhiyuan Xiangban Qingchunlu：Guangdong Zhongxuesheng Zhiyuan Fuwu Shiyong Jiaocheng

志愿相伴青春路：广东中学生志愿服务实用教程

汪彩霞　主编

出 版 人：房俊东

出版发行：华南理工大学出版社

（广州五山华南理工大学 17 号楼，邮编 510640）

http://hg.cb.scut.edu.cn　E-mail：scutc13@scut.edu.cn

营销部电话：020-87113487　87111048（传真）

策划编辑：吴翠微

责任编辑：陈　蓉

责任校对：周　秦　梁晓艾

印 刷 者：广州小明数码印刷有限公司

开　　本：787mm×1092mm　1/16　**印张**：12.25　**字数**：196 千

版　　次：2022 年 12 月第 1 版　**印次**：2024 年 11 月第 2 次印刷

定　　价：48.00 元

序

志愿新生代　奉献新时代

广东省团校（广东青年政治学院）青年公益与志愿者学院的教师们是我退休之前的好同事，他们盛情邀请我为《志愿相伴青春路：广东中学生志愿服务实用教程》一书撰写序言。为此，我认认真真阅读、认认真真思考、认认真真撰写，并借此表达对于中学生志愿服务发展的一些观点。

通读书稿的时候，我想起16年前的一件事情。有一天，有三位广州的家庭主妇找到我家里，希望获得亲子志愿服务的专业指导。我询问得知她们的孩子周末去广州市少年宫参加兴趣班学习，家长在等候孩子下课之际，看到板报栏上面有志愿服务的宣传，挺感兴趣。下课的时候与孩子交流，孩子也有兴趣，但是她们不知道具体怎么做。后来，其中一位家长到广州购书中心查找相关资料，那时候介绍志愿服务的书籍非常少，好不容易找到一本由我们主编的《与志愿者同行——中国广东志愿服务调查纪实》，于是买来阅读参考。她们聚在少年宫阅读时被老师看见，交流起来才知道原来少年宫的老师认识我，老师就介绍她们找我指导。后来，听说这几位家长带着分别读初中、小学的孩子组建了志愿服务小队伍，开展一些关爱服务、文明服务，孩子们从中获得体验和成长。这事情过去好久了，如今，志愿服务蔚然成风，中学生志愿服务也蓬勃发展、广泛普及。习近平总书记勉励少年儿童，“自己的事自己做，他人的事帮着做，公益的事争着做”。这是广大中学生参与志愿服务、在服务中学习和成长的极大动力。

随着越来越多的中学开展志愿服务，越来越多的中学生参加志愿服务，科学的指导、规范的引导对中学生志愿服务来说尤为重要，也因而需要有更多更好的指导、指引、指南等，让中学生志愿者“容易读、容易学、容易用”。本书力求达到生动有趣、通俗易学的效果。

我仔细阅读书稿后产生一系列想法，特在此与广大读者交流分享。一是在志愿服务中学习。中学生有多种多样的阅读需求，既要在书中阅读，也要在社会实践中阅读。通过参与志愿服务，对很多观点、知识重新理解或者加深理解，都是非常有益的。古语云，“读万卷书，行万里路”，参与志愿服务就是在行动中、实践中学习的好方式。二是在志愿服务中领悟。中学生需要领悟很多道理，包括社会的道理、做人的道理、生活的道理等。如果仅仅依靠在课堂中听讲并不能深刻体会，通过参与志愿服务，中学生在志愿服务中的所思所感可以帮助他们真正理解和领悟这些道理，让自己走上正确的人生道路，朝着向上、向善的路径发展。三是在志愿服务中助人。中学生虽然年纪尚小、能力有限，但是在奉献社会、帮助他人的过程中，也可发挥不可忽视的作用。我前段时间听到一位长者服务中心的工作人员说：“有些道理我们成人跟‘倔老头’说不清楚，中学生志愿者来说两句，老人就听从了，还很开心。”中学生也好，小学生也好，有些特长、爱好在志愿服务中能够发挥大的作用，这是值得重视的。四是在志愿服务中快乐。我们倡导中学生志愿服务、倡导亲子志愿服务，是希望给社会、他人带来快乐，也希望给学生、家长带来快乐。所以，要创造更多的机会，让中学生在志愿服务中体验助人的快乐、体验收获的快乐。五是在志愿服务中精彩。中学阶段正是开始追求“精彩人生”的时期，通过参加志愿服务见识广阔和纷繁的社会，经历丰富和多元的实践，有喜悦有苦恼，有成功有挫折，有赞赏有冲突，这些都是精彩生活的组成部分，也是充实人生的组成部分，对于中学生未来的发展都是有益的。六是在志愿服务中成长。青少年时期的中学生在不知不觉中成长，志愿服务能让他们更加积极稳健地成长，更加精彩多样地成长。这些成长包括外在的成长，如中学生在志愿服务中获得社会赞赏、学校激励，获得嘉许发展的机会；也包括内心的成长，如中学生在志愿服务中获得更加坚定的意志、更丰富的情感等。我想，志愿服务给中学生带来的收获是非常多的，同时困难与问题也是不少的。克服困难、不断前行既是成长的体现，也是成长的必经阶段。

谈了我的感想之后，还是回过头来谈谈这本书的价值。这不是“厚厚的”理论书，也不是“大大的”教科书，而是“贴心的”引导性读物，是吸引和指导中学生参加志愿服务的“入门书”。个人认为，本书具备“四有”特色：第一，书中有知识。本书将纷繁复杂、散落各处的志愿服务知识进行精炼，摘取精要奉献给中学生阅读和学习。第二，书中有技能。本书注重实操性、应用性，介绍了很多中学生开展志愿服务的技能技巧、实用做法，方便记忆和使用。第三，书中有故事。最有特色的就是本书收集了很多中学生志愿服务故事。不仅是讲故事，故事中还包含启迪和引导，让学生在阅读之中受到吸引、受到激励，真真正正做好志愿者。第四，书中有启迪。本书力求在朴实中蕴含丰富的道理，在平凡中蕴含珍贵的思想，引导中学生在志愿服务中获得思想进步、道德成长、素质发展、个性完善。这就是本书最有价值的地方，值得关注和重视。

感谢广东省团校青年公益与志愿者学院的教师们和提供案例资料的志愿者、志愿组织为中学生志愿服务做出的努力。期待本书对新时代中学生志愿服务的发展繁荣发挥专业支持作用。

谭建光

［谭建光，广东省团校（广东青年政治学院）教授，第四届中国青年志愿者协会副会长，第二届中国志愿服务联合会理事，广东省社工与志愿者合作促进会会长］

目 录

第三章　志愿服务活动与品牌

第四章　志愿服务行动与策划

第五章　志愿服务素养与技巧

第六章　志愿服务实践与成长

导言

同学们，在你拿到这本书之前，你知道志愿服务，了解志愿服务吗？

有很多同学说，我早就听说过志愿服务了，就是做好事嘛；也有不少同学说，我不仅听说过，我还做过志愿服务呢。

无论你对志愿服务是什么态度：或许对“她”热衷推崇，或许对“她”一知半解，又或许对“她”嗤之以鼻，都希望你们抱着重新认识志愿服务的心态来翻开这本书。

“她”没有那么优秀、优越、全能，“她”也没有那么无聊、无趣、高冷。真心跟“她”做朋友，你可能会有意外收获。

大家可能有一些这样的思想误区：我是中学生，我力量还很薄弱，志愿服务、公益慈善都是那些事业有成、经济宽裕的成功人士做的事情，我只是一个在学校读书的未成年人，我没有时间，更没有钱，甚至连自己都照顾不好自己，我可以为这个社会做什么呢？

如果你真这么想，那真是太小瞧自己了！中学生其实有大大的能量，可以通过志愿服务做很多有益于社会的事情，听我跟你慢慢说来。

首先，我们国家十分重视学生的志愿服务工作。早在2009年，教育部就印发了《关于深入推进学生志愿服务活动的意见》（以下简称《意见》），《意见》明确指出，中小学要把志愿精神作为进一步加强和改进未成年人思想道德建设的重要内容，有机融入“品德与生活”“品德与社会”“思想品德”“思想政治”“职业道德与修养”等课程的教育教学中。不说你不知道吧，中学生参与志愿服务原来是一门必修课呢！

不仅如此，共青团中央在2015年印发的《关于推动团员成为注册志愿者的意见》中指出，要把志愿服务作为入团教育和团员日常教育的重要内容，把参与志愿服务作为团的组织生活的重要内容。团组织希望广大的团员们都能认同志愿服务理念，积极参与志愿服务实践。

其次，社会和学校十分支持学生的志愿服务工作，组织学生在不同的场域开展内容丰富、形式多样的志愿服务。学生志愿服务从服务场域区分，可分为校内志愿服务和校外志愿服务；从服务内容区分，适合中学生的志愿服务可以分为普及文明风尚志愿服务、结对帮扶和送温暖献爱心志愿服务、应急救援知识普及志愿服务、面向特殊群体的志愿服务以及网络志愿服务等。学校鼓励学生从身边做起、从小事做起，将志愿服务融入日常生活。

最后，中学生应当积极参与志愿服务。中学生可以通过志愿服务奉献社会、磨砺意志、培养社会责任感、锻造成熟的心智。参与志愿服务是立志成才的重要人生阶段的催化剂，是中学生从读好书到成好才的重要途径。尽管中学生年纪尚小，力量还不算强大，所做的事情和贡献有限，但每一点每一滴的改变，最终会汇集为一股巨浪，推动社会向前发展。志愿服务的核心要义不就在于此吗？看似微弱但蕴含无穷力量。

就如同我们不想起床、不想写作业的时候，总可以搬出各种理由一样，如果我们不想做志愿服务，也可以罗列出一堆不该做和不能做志愿服务的原因，但我们需要明确看到，中学生参与志愿服务有国家的重视，有社会和学校的支持，对社会和中学生都有益处！我们积极投入志愿服务中，哪怕只有一点点改变，那也是开始。我们要相信坚持的力量，相信水滴石穿的力量。“请党放心，强国有我”这句铮铮誓言，就让我们用实际行动去证明吧！

第一章

志愿服务概述

志愿服务是人类文明发展到一定阶段的历史产物，是现代社会人们追求幸福生活和自我实现的重要载体。现代志愿服务虽然发端于西方社会，但融入了中国仁爱、兼爱等传统优秀文化基因和全心全意为人民服务红色基因的中国特色志愿服务更能够提升人们幸福感、获得感和安全感，为满足人民对美好生活的需求贡献力量。新时代中国特色志愿服务是实现中华民族伟大复兴的重要力量，中学生了解和认识志愿服务的基础知识，更有利于积极投入到志愿服务事业中来，成为对国家社会有贡献的新生代。

第一节

志愿服务的相关概念

一 什么是志愿服务

1. 志愿服务的定义

《联合国志愿者宣言》指出：志愿服务是个体为了增进邻人、社区、社会的福祉而进行的非营利、不支酬、非职业化的行为。志愿服务的表现形式有很多种，从传统的邻里互助到今天的为解除痛苦、解决冲突与消灭贫穷而进行的努力等都属于志愿服务①。国务院2017年颁布的《志愿服务条例》中又进一步把志愿服务的主体拓展到志愿服务组织和其他组织，其表述为志愿服务是指志愿者、志愿服务组织和其他组织自愿、无偿向社会或者他人提供的公益服务。由此可见，志愿服务不仅仅是个体行为，也可以是组织行为。

2. 志愿服务的特点

（1）自愿性。自愿性是志愿服务的首要属性，其本质是指参与志愿服务的主体不受外界力量的影响而自主开展服务，是自由意志的体现。自愿参与有利于参与者全身心地投入和思考。自愿参与也意味着自愿接受组织方合理安排，遵守志愿服务工作纪律。

①第29届奥林匹克运动会组织委员会，北京奥运会志愿者工作协调小组办公室．北京奥运会志愿者读本［M］．北京：中国人民大学出版社，2006：11–12.

（2）无偿性。无偿性是志愿服务的重要属性，是指志愿者或组织在开展服务过程中付出了劳动、智慧等，但不能获得报酬。志愿服务组织者为了更好地激励志愿者，并保障其权利，会为志愿者提供数额较小的交通、餐饮补贴，购买保险，提供培训机会，进行表彰等，这些都属于志愿服务的激励范畴，不能等同于报酬。

（3）利他性。利他性是志愿服务的根本属性。这里的“他”是指除了自己、家人和亲属以外的人或者事物。比如，在家打扫卫生就不属于利他行为，是自己应尽的家庭义务。利他的对象也不仅仅是指人类，对自然环境的保护也属于利“他”行为，因为保护自然本身就是在保护人类自身的生存和发展。

小测试

以下哪种行为属于中学生志愿服务呢？

A．老师为同学们批改作业；

B．小明作为值日生打扫课室卫生；

C．小明参加校外付费游学活动，其中有安排义务捡拾海滩垃圾的活动；

D．小明自愿报名去图书馆义务整理图书。

答案选D。老师为同学批改作业属于教师职业要求，不属于志愿服务。小明作为值日生打扫课室卫生是学生德智体美劳发展要求，也是小明作为班集体一员应尽的责任和义务，小明本身也是直接受益人，所以不算志愿服务。校外付费游学活动是家长为了提升同学的见识和社会实践能力而参加的有目的、有组织的学习活动，虽然其中有安排义务捡拾海滩垃圾的利他行为，但根本上是为了参加游学者提升阅历或见识，所以也不能算作志愿服务。小明自愿报名去图书馆义务整理图书，符合志愿服务自愿性、无偿性、利他性的特点，因此属于志愿服务。

二 什么是志愿者

提供志愿服务的人就是志愿者，他们是不受薪、非因遵循法律义务、基于有利于人类幸福的理念和社会责任感，自愿从事社会公益事业的人或组织。《中国志愿服务大辞典》把志愿者定义为：为公共利益而自愿且无偿地奉献自己的时间、精力和技能的人。志愿者的英文为“volunteer”，其词源为拉丁文valo或velle，意为“希望、决心或渴望”，与中文中“志愿”的含义相同。①《志愿服务条例》中对志愿者的定义为：以自己的时间、知识、技能、体力等从事志愿服务的自然人。

志愿者是一个没有国界的名称，在世界各地，在有战争、自然灾害、疾病流行、环境污染等重大问题出现的地方，都可以见到志愿者的身影，他们为身处困境的人们提供志愿服务，其中的不少志愿者甚至为志愿事业奉献出了宝贵的生命。志愿者在不同的地方有不同的称呼，比如，在我国香港地区，人们习惯称呼志愿者为“义工”，台湾地区称呼志愿者为“志工”。无论称呼是什么，其实质并没有区别。

另外，人们往往容易混淆“志愿者”和“社工”。社工是指从事社会工作的人，是一种职业。从事这种职业的人需要接受一定时长的专业社会工作培训，取得相应的从业资格，如社会工作师职业资格证书。社工与志愿者最大的区别在于社工是受薪人员，需要通过获取薪酬用于生产生活，而志愿者是不受薪人员，甚至有时还需要自己承担一部分开展志愿服务所产生的费用。

三 志愿服务精神

习近平总书记在致中国志愿服务联合会第二届会员代表大会的贺信中指出，“志愿服务是社会文明进步的重要标志”“希望广大志愿者、志愿服务组织、志

①北京志愿服务发展研究会．中国志愿服务大辞典［M］．北京：中国大百科全书出版社，2014：1.

愿服务工作者立足新时代、展现新作为，弘扬奉献、友爱、互助、进步的志愿精神，继续以实际行动书写新时代的雷锋故事”①。习近平总书记对志愿服务的肯定和支持是中国志愿服务向前发展的强大动力。弘扬志愿服务精神，必须对其有正确的认识，志愿服务精神的产生基于个人对人类及社会的积极认识，以及对社会发展积极的价值取向，是个人对生命价值、社会、人类和人生观的一种积极态度。

1. 奉献

在志愿服务中，志愿者在不计报酬、不求名利、不要特权的情况下，参与推动人类发展、促进社会进步的活动，是志愿服务的精髓。志愿服务，一定要有奉献精神，斤斤计较、处处算计的人是做不好志愿服务的。有了奉献精神，志愿服务者就不怕吃亏，与其他志愿者之间更容易形成默契，进而共同把服务做好；有了奉献精神，就会有把服务做好的动力和冲劲，更容易产生服务创新。

2. 友爱

志愿服务倡导志愿者欣赏他人、与人为善、有爱无碍、平等尊重，这便是友爱精神。友爱精神跨越国界、职业和贫富差距，是没有文化差异、没有民族之分、没有收入高低之分的平等之爱。在友爱的氛围中，志愿者彼此获得尊重和关心，更容易形成凝聚力和向心力。

3. 互助

志愿精神包含着深刻的互助精神，它提倡互相帮助、助人自助。在开展志愿服务过程中，志愿者通过付出自己的劳动、技能、智慧或者金钱，帮助别人、奉献社会。受助者也愿意在自己力所能及的范围内参与志愿服务或帮助他人。

①习近平致中国志愿服务联合会第二届会员代表大会的贺信. http://jhsjk.people.cn/article/31253861.

4. 进步

进步精神是志愿服务精神的重要组成部分。志愿者通过参与志愿服务，使自己的能力得到提高，同时促进社会的进步。在志愿活动中无不体现着进步精神，正是这种精神使志愿者甘心付出，追求社会和谐的实现。

中国青年志愿服务标识

中国志愿服务标识主图

第二节

志愿服务的发展

中国现代志愿服务是在中国共产党改革开放政策推动下，通过吸收国外经验，结合中国实际创造出来的奉献爱心、服务社会的新形式、新途径，始终蕴含中华优秀传统文化基因和红色基因。

一　志愿服务的中华优秀传统文化基因

春秋战国时期，儒家、墨家、道家就已提出与慈善、助人有关的思想。孔子倡导“仁”的思想，在《论语》一书中记载：樊迟问仁。子曰：“爱人。”爱人即利人、助人、关爱人，这与当今志愿服务利他的精神内涵是一致的。儒家的仁爱观构成了中国慈善志愿服务的思想传统。除了儒家思想，墨家倡导“兼爱”“兼以易别”，即用“爱”来打破人与人之间的差别，“相爱”令人得利。道家将积德行善与“得道”联系，强调行善济世。自佛教传入中国，佛教一直提倡慈悲为怀，力行布施奉献。在以仁爱思想为基础的慈善志愿服务思想的影响下，中国社会一直有邻里互助的传统。

我国古代的志愿服务主要由家族、州县作为主要承办方。例如，春秋战国时期，“善人”主要以个人为主体，以赈济为手段，在路上设置食物救济饥民。宋代独具特色的社仓，设立于乡社，由本乡本土的士居官及士子数人共同掌管。另外除了个体和社区主办的慈善活动，古代社会也出现了一些慈善组织。这些慈善组织可以分为以下三类：①宗教组织形态，起于魏晋南北朝时期，主要代表是佛教寺院中的慈善组织。②家族事业形态，兴于宋代，主要的代表是“义庄”。中学生耳熟能详的《岳阳楼记》，其作者范仲淹就是族田义庄的创始人。范仲淹购买田地用来供养族人，加强了族人的认同感和凝聚力。③民间组织形态，出现于明末清初。随着慈善事业的不断发展，明清时期，社会的慈善事业发展达到鼎盛。至清中期，已形成了一套系统的、全面的赈济制度，对报灾、勘灾以及施济的各项措施都有详备细致的规章。一些殷商富贾和地方绅士也开始广泛地参与到地方社会的灾荒救济中来，成为官赈的有益补充。民间慈善事业的崛起和兴盛是这一时期慈善事业发达的另一重要标志。此外，各种慈幼机构不断设立并不再局限于京城。例如明代由官方倡设养济院以恤孤老，并且在全国推广和普及。清代承继了明代这一传统，在全国大多数州县先后恢复或重建起养济院。明清政府还要求在全国各地普遍建立了三种很特别的慈善设施，即与人的“病”与“死”密切相关的惠民药局、栖留所（或留养局）和漏泽园，遍及全国各道府州县，且数量众多。

二　志愿服务的红色基因

志愿服务发展的过程始终追求个人和社会福祉，追求和平与发展。这与中国共产党为人民谋幸福、为民族谋复兴的初心使命不谋而合。共同的追求和使命，为新时代中国特色志愿服务注入了红色基因。中国共产党的党旗是红色的，中国志愿者标识和服饰的标志性、主体性颜色也是红色的，这不是偶然的巧合，而是一种信念的昭示、一种血脉的传承、一种精神的赓续。以全心全意为人民服务为宗旨，中国共产党人的“志愿服务”红色基因源远流长①。“吃水不忘挖井人”是毛泽东在江西领导革命时，带领红军战士为沙洲坝村村民义务挖掘水井，人民群众对他高度的赞扬和永远的怀念。“学习雷锋好榜样”，当

①永远高扬为人民服务的旗帜——中国共产党人百年“志愿服务”启示录. https://www.cvf.org.cn/cvf/contents/12085/18939.shtml.

年雷锋同志作为年轻人，通过做“志愿者”，全心全意为老百姓服务，把自己的成长融入新中国的建设中去。新时代无数志愿服务组织、志愿者走上脱贫攻坚第一线，为贫困地区提供了资金、物资和项目等直接“志愿服务”，为中国取得脱贫攻坚的胜利作出贡献。中学生作为中华民族伟大复兴的亲历者和继承人，更应参加志愿服务，奉献社会，不断成长，树立正确的世界观、价值观和人生观，传承志愿服务的红色基因，为中国梦的实现贡献应有的力量。

课外小知识

学雷锋纪念日

学雷锋纪念日是每年的3月5日。1963年3月5日，毛泽东主席为沈阳部队某部因公牺牲的英雄战士雷锋的题词“向雷锋同志学习”在《人民日报》发表。此后，全国广泛开展学习雷锋的活动。

雷锋，原名雷正兴，湖南望城人，中国人民解放军某部运输连战士、班长。1962年8月15日在辽宁抚顺市望花区不幸因公殉职，年仅22岁①。雷锋毫不利己、专门利人，在短暂的一生中帮助过无数人。时至今日，雷锋为人民服务的理念深入人心，雷锋精神依然指引着我们，对雷锋精神的学习也奠定了我国志愿服务开展的基础②。习近平总书记高度重视雷锋精神的传承，指出“雷锋精神，人人可学；奉献爱心，处处可为”③，并勉励青年“要倡导社会文明新风，带头学雷锋，积极参加志愿服务，主动承担社会责任，热诚关爱他人，多做扶贫济困、扶弱助残的实事好事，以实际行动促进社会进步”④。

①3.5学雷锋纪念日．https://www.cvf.org.cn/cvf/contents/12609/18043.shtml.

②北京志愿服务发展研究会.中国志愿服务大辞典［M］．北京：中国大百科全书出版社，2014：469.

③学习雷锋精神 听听习近平总书记的10句嘱托．http://jhsjk.people.cn/article/30957918.

④同③.

三 志愿服务的当代发展

近现代中国志愿服务的萌芽受到西方宗教的影响。鸦片战争以后，基督教随着西方列强进入中国。20世纪初期，在传教士、教会人士影响下，一些内地青年以及妇女、老人开始参与志愿服务。现代志愿服务则是在我国改革开放政策推动下，吸收外国经验、发扬中华传统、继承学雷锋活动而创造出来的奉献爱心、服务社会的新形式、新途径。1983年，北京市宣武区大栅栏街道推出的“综合包户”志愿服务活动被认为是中国青年志愿服务的发端。1989年3月，天津市和平区新兴街道社区服务志愿者协会成为我国第一个志愿者组织。1987年6月9日，广州市青教办、市学联、市教育局团委开通全国第一条志愿服务热线电话——“中学生心声热线”，电话号码为3330564，是“心中的情你尽诉”的粤语发音谐音，所有工作人员首次以志愿者身份参与接线、咨询等服务。深圳市义工联合会是由共青团深圳市委发起、由志愿为青少年和社会提供义工服务的社会各界人士（主要是青少年）组成的社会团体，1990年4月注册成为中国内地第一个义工法人社团。1993年，北京志愿者协会成立。1994年，在共青团中央的指导下，由志愿从事社会公益事业与社会保障事业的各界青年组成的最早的全国性社会团体——中国青年志愿者协会成立，标志着我国青年志愿服务事业进入现代化发展新阶段。2001年联合国举办“国际志愿者年”系列活动，通过活动和媒体宣传，使广大人民了解志愿服务。2008年北京奥运会志愿服务和汶川地震救灾推动了公众参与志愿服务的热情，促进了志愿服务统筹协调机制的建设，在中国志愿服务发展进程中具有里程碑意义。

课外小知识

国际志愿者日

1970年，在各国政府的支持下，联合国大会通过决议组建联合国志愿人员组织（UNV）。该组织的宗旨是不计报酬，通过联合国系统的技术合作方案和项目，向发展中国家提供中、高级技术人员，向发展中国家的政府职能部门提供合格的短期志愿人员。1981年，我国与联合国志愿人员组织签订合作关系，接受国际志愿者来中国服务，同时也向国外输出优秀的志愿人员。志愿服务团结、互助的价值内涵得到世界各国的广泛认可，同时也为了督促各国政府通过各种活动唤起更多的人以志愿者的身份参与各行各业的服务性工作，宣传在社会服务中的献身精神，促进经济社会发展和国际交流，1985年第40届联合国大会通过决议，确定从1986年起，每年的12月5日为国际志愿者日。

第三节

新时代中国特色志愿服务

2012年党的十八大以来，习近平总书记对志愿服务作出一系列重要论述和重要批复，充分肯定了志愿服务的作用——“成为人民有信仰、国家有力量、民族有希望的生动体现”，把志愿服务作为国家发展战略的重要组成部分，为中国特色志愿服务发展指明方向——“推进志愿服务制度化常态化，凝聚广大人民群众共同为实现‘两个一百年’奋斗目标、实现中华民族伟大复兴的中国梦贡献力量”[①]。习近平总书记还鼓励青年“带头学雷锋，积极参加志愿服务”[②]“弘扬奉献、友爱、互助、进步的志愿精神，坚持与祖国同行、为人民奉献，以青春梦想、用实际行动为实现中国梦作出新的更大贡献”[③]。2016年《中华人民共和国慈善法》、2017年《志愿服务条例》等法律法规的出台，更是为中国特色志愿服务规范化、专业化、社会化发展提供了法治保障。党的二十大报告提出“在全社会弘扬劳动精神、奋斗精神、奉献精神、创造精神、勤俭节约精神，培育时代新风新貌”，对新时代中国特色志愿服务提出新要求和发展方向，也为新时代中国特色志愿服务发展注入了新理念。

一　志愿服务是社会文明进步的重要标志

每一个时代都有不同的精神坐标，但与雷锋精神相契合的志愿服务精神永

①习近平致中国志愿服务联合会第二届会员代表大会的贺信．http://jhsjk.people.cn/article/31253861.

②学习雷锋精神 听听习近平总书记的10句嘱托．http://jhsjk.people.cn/article/30957918.

③习近平给华中农业大学“本禹志愿服务队”回信．http://jhsjk.people.cn/article/23760920.

远不会过时。志愿者们用爱心谱写着无私助人的乐章，以行动激励着越来越多的人共同参与，为推动社会的文明进步发挥积极作用。“党的十八大以来，广大志愿者、志愿服务组织、志愿服务工作者积极响应党和人民号召，弘扬和践行社会主义核心价值观，走进社区、走进乡村、走进基层，为他人送温暖、为社会作贡献，充分彰显了理想信念、爱心善意、责任担当，成为人民有信仰、国家有力量、民族有希望的生动体现。”[①]当越来越多人踊跃参与到志愿服务中时，社会也将变得更加温暖和文明。

志愿服务及其附着的志愿精神也是我们践行社会主义核心价值观的重要体现。志愿服务倡导无私奉献、友爱互助、共同进步，与社会主义核心价值观的基本内涵和根本要求相一致。同时，志愿服务还要与社会的发展、人民的需要相结合。从社区清理垃圾到路边维持交通秩序以及协助抗击重大自然灾害等，志愿服务不仅仅是简单的物资赠送，更是在提高国家的社会治理能力和促进社会进步等方面发挥着重要而特殊的作用。尤其是在2020年以来的新冠疫情防控工作中，广大志愿者踊跃参与、真诚奉献，取得了疫情防控的显著成效，守护了人民群众的生命安全和身体健康。

二 在志愿服务中展现青春的风采

志愿者的任何一种奉献，都是在实现个人价值，他们所追求的不是受助者的回报，而是通过服务社会与他人来获得成就感和内心的安慰与快乐。2014年7月，习近平总书记在第二届夏季青年奥林匹克运动会开幕前夕给“南京青奥会志愿者”的回信中提到：“作为志愿者，无论是在台前还是幕后，无论是迎来送往还是默默值守，都可以在这场青春盛会中展现自己的风采。”[②]对于中学生来说，志愿服务是一个展现个人风采、实现自我价值的重要平台。通过志愿服

①习近平致中国志愿服务联合会第二届会员代表大会的贺信. http://jhsjk.people.cn/article/31253861.
②习近平给“南京青奥会志愿者”回信. http://jhsjk.people.cn/article/25291157.

务，个人对社会的责任和贡献也得以体现。与此同时，中学生在参与志愿服务的过程中还可以收获全面发展的成长机会，主要体现为以下三个方面：

（1）充实业余时间，增强真实生活场景中的学习能力。中学生利用空闲时间参与不同形式的、有意义的志愿服务，不仅可以在紧张的学习压力下得到放松，还能丰富个人的课外活动经验。在服务过程中，中学生还可以亲身体验和接触到各种所学的知识，从而形成对书本知识更加立体的了解。随着服务经验的增加，中学生还可以提前体验到各种不同职业的特点，从而更好地作出适合自己的生涯规划。

（2）拓展沟通场景，提高人际交往能力。人际交往能力在每个人的生活和工作中都非常重要。更好的沟通技巧能增加自我的表达能力，促进彼此之间的了解。对中学生而言，主要的人际交流是在学校和家庭，参与志愿服务可以拓宽他们的社会交际圈。除了志愿者来源广泛外，共同参与服务的过程实际也为学生提供了一个与不同群体增进了解和锻炼人际交往能力的实践平台。

（3）践行志愿使命，提升个人的社会责任感。2013年5月4日，习近平总书记在同各界优秀青年代表座谈时谈道："要倡导社会文明新风，带头学雷锋，积极参加志愿服务，主动承担社会责任，热诚关爱他人，多做扶贫济困、扶弱助残的实事好事，以实际行动促进社会进步。"①中学生通过参与志愿服务工作，有机会为社会贡献自身的才学，在不同的岗位上发挥自身的作用和优势。一方面，践行志愿使命满足了中学生"自我实现"的需要；另一方面志愿服务过程推动着中学生在活动中去关心和关爱他人，从而起到提升其社会责任感、养成良好品格的效果。

三　志愿服务人人可为，处处可为

新时代属于每一个人，每一个人都是新时代的见证者、开创者、建设者，

①习近平同各界优秀青年代表座谈时的讲话. http://jhsjk.people.cn/article/21367227.

更是志愿服务精神的倡导者、弘扬者、践行者。以雷锋精神为标志的中国志愿服务精神在一代又一代人中传承、延续，不论年龄与职业，越来越多的人参与到践行志愿服务的行列中，为社会的美好风尚贡献着各自的力量。2014年3月4日，习近平总书记给“郭明义爱心团队”的回信中提出：“雷锋精神，人人可学；奉献爱心，处处可为。积小善为大善，善莫大焉。当有人需要帮助时，大家搭把手，出份力，社会将变得更加美好。”①践行志愿服务贵在行动，并不局限于某些人群和职业，也不局限于场所。

志愿服务是一个全民的事业，需要全民参与。虽然每个人的力量有大小，但只要你遇到他人需要援助时，上前一步，伸出你的双手，你就是一名志愿者。从现有的志愿群体来看，越来越多不同年龄和职业的人都在祖国各地贡献着一份力所能及的志愿服务。例如，一些退休的老人在社区成立自愿巡逻队来维护社区的秩序，医生在自己闲暇时间为村镇等医疗资源匮乏的地区提供上门义诊服务，中学生参与敬老院的探访活动为老人带去慰藉，小学生参与社区清洁行动，这些都是他们力所能及的志愿服务。

2019年1月17日，习近平总书记在天津市和平区新兴街道朝阳里社区考察时提出：“各级党委和政府要为志愿服务搭建更多平台，更好地发挥志愿服务在社会治理中的积极作用。”②坚持中国共产党对志愿服务的领导是中国特色志愿服务发展的根本保障。各级党委政府高度重视志愿服务在社会治理中的重要作用，通过“志愿之城”建设，积极为志愿服务发展提供平台和资源支持。例如，2003 年开始由共青团中央等部门联合实施大学生志愿服务西部计划，每年都会招募大学生到西部基层开展为期 1～3年的志愿服务。由共青团广东省委等部门共同实施的广东省大学生志愿服务山区计划，每年会招募一批高校应届毕业生或在读研究生到省内山区农村开展1～2年的志愿服务，服务山区经济社会全面、协调、可持续发展。

①习近平总书记给“郭明义爱心团队”的回信. http://jhsjk.people.cn/article/24527424.

②习近平在天津考察. http://jhsjk.people.cn/article/30576928.

四 志愿服务融入中国梦的实现

2013年，习近平总书记在中国青年志愿者行动实施20周年暨第二十八个国际志愿者日之际给华中农业大学“本禹志愿服务队”回信中提出：“希望你们弘扬奉献、友爱、互助、进步的志愿精神，坚持与祖国同行、为人民奉献，以青春梦想、用实际行动为实现中国梦作出新的更大贡献。”[①]秉持志愿服务精神，与祖国同向同行是中国特色志愿服务发展遵循的根本原则和发展方向。2014年5月，习近平总书记在给河北保定学院西部支教毕业生群体代表的回信中提出：“到基层和人民中去建功立业，让青春之花绽放在祖国最需要的地方，在实现中国梦的伟大实践中书写别样精彩的人生。”[②]青少年作为国家发展的未来，打牢学习知识基础，把自己青春梦想、成才计划融入中国梦中是新时代对青少年的要求。中学生通过扎扎实实开展志愿服务，践行“知行合一”的教育理念，树立“集体主义、爱国主义”的价值，就是在与祖国同行，就是在为中国梦注入新鲜血液。学生参与到校园志愿服务，可以为校园的学习环境建设贡献力量。针对老年人群体的志愿服务越多，老人就越能享受更美好的晚年生活。国家层面提供的中西部地区社会发展的志愿服务可以让全国不同区域的发展更为平衡，各地的人群都能共同享受到生活质量的不断提高以及由此带来的幸福感。当全民都参与到志愿服务的行列，中国梦的幸福也将惠及每一个人身上。

①习近平给华中农业大学“本禹志愿服务队”回信．http://jhsjk.people.cn/article/23760920.

②习近平给河北保定学院西部支教毕业生群体代表回信．http://jhsjk.people.cn/article/24968576.

第二章

志愿服务功能与保障

青少年是新时代志愿服务事业发展的重要力量。随着人民生活水平的提高和对社会服务越来越多元化的需求，志愿服务之于整个社会发展和个人成长都有着非常深刻的功能价值。对青少年而言，参与志愿服务既是自身成长的一条重要路径，同时也能对整个社会的发展和人民群众的幸福感提升起到积极作用。本章主要介绍志愿服务对于社会文明与个人成长两个层面的功能价值，志愿服务名人如何理解志愿服务的功能价值，以及中学生参与志愿服务的政策指导与保障。

第一节

志愿服务的功能价值

一个人的志愿服务弥足珍贵但力量是有限的，当全社会被号召起来，通过志愿服务共同做一件事情，产生的能量就会非常大。2008年，四川汶川“5·12”大地震后，118万余人报名参加志愿服务，20万青年志愿者在各级团组织的协调下，奋战在抗震救灾第一线，在医院、救助站等各个地方对灾民开展帮扶活动，传递人间温暖。随着社会进一步发展，人们更加深刻地认识到志愿服务的可贵，越来越多人主动参与到志愿服务中来。截至2022年10月，广东省已有注册志愿者15 880 464人，服务时长超过61 869万小时，志愿服务组织和团体133 351家[①]，按照非全日制职工时薪14元（广东省最低工资标准）计算，全广东省志愿者累计创造了86.6166亿元的经济价值。“聚沙成塔，聚爱暖心”，人们通过志愿服务联结在一起，共同推动社会的进步和自身的发展。

一 志愿服务助推社会文明

1. 赋能社会动员

在“奉献、友爱、互助、进步”的志愿精神激励和感召下，志愿服务“人人参与、人人平等、人人受尊重”的价值理念更容易把各行各业、各个年龄层、不同社会群体人员动员起来，聚力一处满足社会需求、解决相关社会问题。例如，2020年初，一场突如其来的新冠疫情使社会按下了暂停键。初期，在对

①数据来源：“i志愿”．https://www.gdzyz.cn/.

疫情知之甚少的情况下，在中国共产党的领导下，中国人民开始了一场艰苦卓绝的抗“疫”之战。有这样一群人，他们有着各种不同的身份，老师、企业员工、学生、个体经营者等，但共同的是他们都身着志愿者红马甲，自愿无偿地接受政府、社会组织安排，或在社区门口、公交站点协助测量体温；或开车行驶于医院和隔离点之间，为医务人员和有需要的人提供接送服务；或出现在医院帮忙卸载医疗救援物资和生活物资；或安守在电话、电脑旁为有需要的群众提供心理疏导等服务，为中国战“疫”取得胜利贡献着自己的力量，向世界传递爱和温暖。习近平总书记在湖北考察新冠肺炎疫情防控工作时强调“广大社区工作者、公安干警、基层干部、下沉干部、志愿者不惧风雨、坚守一线，广大群众众志成城、踊跃参与，涌现出一大批可歌可泣的先进典型和感人事迹”，充分肯定了志愿者的努力和贡献。在这场战“疫”行动中，正是志愿服务精神所展现的强大社会动员能力让我们能够团结一致，朝着抗疫的共同目标克服一切艰难险阻，切实筑牢维护人民群众生命健康安全的防线。

2. 完善社会保障

社会保障一般是指通过国家立法的形式，积极动员社会各方面的资源，为面临年老、患病、失业、生育等困境的社会成员提供基本的生活保障。随着经济的不断发展，保障水平也不断提高。志愿服务的社会属性，决定了其活动是围绕居民需求，特别是一些低收入困难群体的需求展开，帮扶弱势群体是志愿服务的重要内容。因此，在已有政府相关部门提供的基础社会保障外，各种形式、无处不在的志愿服务起到了将整个社会保障网不断织密的功效，它以服务方式灵活、受益群体广泛、社会成效显著的特点为有需要的人群带去直观的社会温暖。例如，大家经常看到的社区志愿服务就具有社区救济的功能：以帮扶社区内困难群体为主，通过志愿者救济形式，使困难群众能接受到正式保障以外的额外帮扶。与此同时，一些社区志愿服务还融合社工理念开展精神慰藉和情感互动，并开展促进、帮助参与社会生活等类型的活动，不仅在物质方面为困难群众提供帮助，还在使其恢复社会交往、丰富精神生活等方面发挥着更为深层次的保障功能，让有需要的群众不仅得到更好的物质保障，还能获得更高的生活幸福感。

3. 促进社会融合

志愿服务的公共属性及其团结、互惠和利他的价值观念为人类社会所共有，因此，志愿服务能够极大消融社会隔阂，打破社会偏见，让人们走到一起，为共同的目标和人类福利事业奋斗。大学生志愿服务西部计划就是其中的典型，每年有非常多的大学生志愿者主动到西部地区开展志愿服务，通过在西部基层1～3年的志愿服务实践，他们的理想信念变得更加坚定、意志品格获得锤炼、志愿情怀不断升华。这场大型志愿服务活动促进了优秀人才的跨区域流动，为经济欠发达地区的脱贫攻坚和乡村振兴引入了高校资源，优化了人才资源与地区发展的相互融合。在一些赛会现场，志愿者们以热情的态度欢迎八方来宾，传递友好，为各项赛事的顺利开展消除沟通障碍，使来自不同地方的不同人群增进相互了解。习近平总书记给“南京青奥会志愿者”回信中提出，希望志愿者们弘扬奥林匹克精神和志愿服务精神，热情参与、真情奉献，提供细致周到的服务，积极传播中华文化、讲好中国故事，用青春的激情打造最美的“中国名片”，促进中国梦和各国人民的梦相通相融，共同为人类和平与发展的崇高事业作出贡献。

一起来思考

志愿者参与大型赛会是不是意味着可以免费观看比赛或近距离和偶像面对面？

首先不否认有以上的可能，如果未来你作为赛会志愿者而有幸获得以上的待遇，恭喜你，你因志愿而幸运。但是也会有另外的可能，你作为志愿者，你的偶像就在身后，近在咫尺，你却连回头看一眼的机会都没有。因为当你选择参加赛会志愿服务的时候，就意味着你接受赛会志愿者组织方的调度和安排，遵守志愿服务的纪律，履行志愿服务岗位要求。你的岗位虽然在赛场内，但可能你需要面对的是观众，需要时刻关注观众的需求和异常情况并及时作出反应，看不到身后正在进行的激烈的比赛就很正常。不要因此感到遗憾，因为“我志愿，我快乐”。

4. 践行社会教育

志愿服务积极倡导"助人自助"，也就是说，志愿者帮助他人，让其获得重新融入社会、学会适应社会生活、掌握自力更生的能力；另一方面，志愿者在参与志愿服务过程中，通过传递爱心、了解社会，自身也获得成长。积极开展青少年志愿服务，对于青少年的个人成长和价值观的形成都具有非常重要的意义。以志愿服务的形式来进行社会教育，能够有效解决青少年面临的一些问题和困境，例如，1987年广州开设的第一条"中学生心声热线"向中学生传递心理知识，陪伴中学生度过青春期的迷茫和困惑。青少年志愿服务在青少年贫困帮扶、司法矫正、外来流动青少年的社会融入等方面都有着十分重要的作用。引导青少年积极参与社区亲子志愿服务等活动，如和家人一起参与美化社区环境、帮扶社区孤寡老人等志愿服务活动，可使青少年重新认识社区，培养其社会责任。另外，青少年在参与志愿服务过程中可以学会接纳、尊重、坚持、尽职等优秀品质，有助于他们理解社会主义核心价值观，从而达到实践育人的目的。

二 志愿服务提升个人成长

1. 拓宽知识视野

中学生参加志愿服务会遇到各种各样的人，在志愿服务中，中学生志愿者可以主动跟其他志愿者交流沟通，探讨对事物的看法，在相互交流和反思中拓宽自己的视野；也可以通过用心观察或者接受志愿服务知识培训，从具体的服务实践中学习。例如，通过参加垃圾分类志愿服务，可以拓宽自己对不同类型垃圾的价值的认识，理解"垃圾是放错地方的资源"的含义；参与"河小青"巡河志愿服务像是参与户外地理课，能增加与水体、水质、河道以及各种污染相关的知识；在探访困境儿童时则更能理解不同群体生活的艰辛，学会共情不同人的困境与难处，重新理解自己幸福生活的含义。

2. 丰富认知维度

家校两点一线的生活模式使得中学生对不同群体和很多社会现象的认知有一定局限，甚至存在偏差。志愿服务为志愿者与不同群体接触以及切身观察多种社会现象提供了非常好的机会，使其在与不同群体的交往中对他们的生活和特征有更直观的感受，在不同类型的志愿服务中对一些相关的机构（如社工中心、志愿者协会）和组织有更细致的认识。在实践观察和感悟中，中学生从收获的视角去看待课堂知识，可以丰富其对理论的认知维度，使他们更能对事物作出理性判断。

3. 促进社会交往

中学生参加志愿服务有利于提高与人交流沟通的能力和提升团队合作的意识。参与志愿活动需要志愿者之间相互支持合作、共同解决问题，并学会理解其他志愿者的想法，欣赏彼此的优点和长处，采取团队成员乐于接受的合作态度，共同分析讨论可能的困难和可行的措施。这样才能探寻出解决难题的方法，进而顺利高效地完成目标。在这个过程中，志愿者可以学会将个体力量融入团队的力量、融入组织的力量，从而依靠集体的力量做成有益于社会的事情。

4. 锻炼实践能力

现在的中学生家庭条件相对优越，很多父母为了让孩子专心学习，往往包办孩子的很多个人事务，一定程度上导致中学生动手解决除学习以外事情的能力不强。在参与志愿服务的过程中，中学生一方面需要执行好志愿活动组织方的要求和规范，另一方面也会面临一些突发的状况和问题，这就需要中学生在脱离了家庭这一舒适圈的情况下学习沉着应对，积极思考解决问题的策略，想办法去统筹协调资源分配，提升人际沟通的效率等。在志愿服务活动结束后，中学生还需要复盘和总结自己在参与过程中收获的经验教训，在反思中不断走向成熟。

第二节

志愿服务与成长成才

志愿服务精神正越来越广泛地被社会大众所接受、践行、传承。在广大的志愿者群体中不乏在各行各业作出巨大贡献的名人，他们的志愿服务事迹也激励着更多的人参与到志愿服务的行列中。我们选择了三位在广东比较知名的志愿服务“大咖”，结合他们的志愿服务经验，探讨志愿服务对国家社会、青年群体、个人发展的功能和价值。

一 钟南山：以志愿服务报效国家

钟南山

钟南山，出生于1936年，中共党员，呼吸内科专家，广州医科大学附属第一医院国家呼吸系统疾病临床医学研究中心主任，中国工程院院士，中国医学科学院学部委员，中国抗击非典型肺炎、新冠肺炎疫情的领军人物。他长期致力于重大呼吸道传染病与慢性呼吸系统疾病的研究、预防与治疗，成果丰硕。曾荣获国家科学技术进步奖一等奖和“全国先进工作者”“改革先锋”等称号。2020年，钟南山因在疫情中的突出贡献被授予“共和国勋章”。

钟南山是全国五一劳动奖章获得者、抗非典英雄，曾被评为“100位新中国成立以来感动中国人物”。除了在医学和社会公共健康方面的成就，钟南山还有一个身份——志愿者。

1. 志愿服务塑造崇高人格

钟南山早在学生时代便开始参与志愿服务，延续至今从未间断。虽然现在年纪比较大了，但他仍然积极参与。2007年出任广州青年志愿者形象大使时，钟南山在发言时提到：“志愿者是崇高的人格标志。”“我志愿、我快乐是我70多年帮助病人、朋友解决问题时的真实感受。”对于志愿者这个身份，钟南山还有着他的自我要求，包括爱心、能力、宽容、技巧四大素质：“爱心应当是一名志愿者首要具备的素质。如果你将每个需要服务的人都看作你的亲人，你就会具备很强的主动性和热情。第二是通过培训获得的能力，第三项则是宽容。你服务的对象不一定很理解你，可能态度也不太好；但作为志愿者，你必须要去理解他们。最后，技巧也很重要。比如说，有的观众特别着急进赛场，你要懂得用心理疏导的技巧去和他打交道，帮助他。”①

钟南山不仅躬体力行，还勉励广大青少年参与到志愿者服务中，他认为在志愿服务中也可以收获颇丰。他坦言道：“志愿服务收获的是你的人生价值，一个集体因为你的付出、奉献而得到了快乐和进步。”“一个人做了一件好事，你会得到感谢和称赞；如果你一生都能坚持做好事，那么你会得到很多很多的朋友。”

2. 志愿服务实践职业技能

在钟南山几十年的志愿服务生涯中，将医学方面的职业技能与公益相结合是他参与志愿服务的一个重要特点。在医学院学习时，钟南山曾作为志愿者参与探望学校附近福利院里身患残疾的孩子，为他们做按摩康复等力所能及的服务。在毕业成为一名医生后，钟南山曾积极为经济困难患者募捐，最后筹集

①节选自2010年8月6日广州亚运会官网报道:《钟南山: 亚运是全民动员 志愿者是崇高人格标志》。

到9万多元的药费和治疗费，大大缓解了患者家庭的经济压力。在2010年参与广州亚运会志愿服务时，钟南山主要参与的仍然是与自己职业密切相关的医疗保障方面的服务。以他名字命名的“钟南山医学基金会”始终秉持“顶天立地为人民”的使命，以“服务国家、服务社会、服务医学、服务人民”为宗旨，以“奉献、开拓、钻研、合群”的南山风格为价值观。基金会自成立以来，开展了一系列助学、扶贫、疾病救助、学术交流等公益慈善活动。从这些活动中不难看出，钟南山在参与志愿服务时始终发挥着自己在医学方面的专业才能，或者服务的内容始终与医患密切相关。这也印证了他曾在广医青年志愿者协会成立20周年时对医学院学生的叮嘱：“作为医学院的学生，有一个非常重要的任务，就是要将志愿精神体现在职业中，无论是临床检验工作者，还是影像工作者，都要体现我们的爱心，这样我们的医患关系才会更好，社会才会更和谐。”①

3. 志愿服务厚植家国情怀

“是祖国送我来的，祖国正需要我，我的事业在中国。”②这是钟南山在英国留学结束被劝说留校工作时的回答。从此，钟南山带着他的所学回到他热爱的祖国，并在往后的几十年时光里一次又一次志愿付出并作出突出贡献。他的家国情怀是把祖国和个人紧密地联系在一起。

钟南山在医疗事业方面的成就既助力国家整体医疗水平的进步，同时也在践行对人民的关爱和奉献精神。例如，他在慢性阻塞性肺病的药物研究方面的发现大大减轻了普通患者的医疗负担。

钟南山先后两次在重大社会公共卫生事件中的奉献更是家国情怀与志愿精神的共融体现。2003年，67岁的钟南山是抗击“非典”的“国之利刃”；2020年，84岁的钟南山是抵御新冠病毒的“国之战士”。虽年事已高，但钟南山两

①罗桦琳.钟南山: 要将志愿精神体现在医护工作中[N].广州日报，2013-06-04（A16）.

②张丹丹.星汉灿烂 若出其里——共和国勋章获得者钟南山的家国情怀[N].学习时报，2020-09-03（A6）.

次在祖国和人民有需要的时候自愿挺身而出，这种诚挚的家国情怀与对人民的深深关爱与奉献交融汇集，成为所有青年群体学习的榜样。

二 李森：为志愿服务奋斗终身

李森

李森，出生于1976年，中共党员，共青团第十七届中央委员会常委，中共广东省委第十二届委员会委员，曾任广东省党代表、广州市政协委员、广东省青年志愿者协会会长、广州市志愿者协会会长。李森曾是一名电信国企员工，常常利用空闲时间积极参与志愿服务。自2000年成为志愿者以来，李森默默耕耘、无私奉献，并于2011年辞去“铁饭碗”，把志愿服务作为自己的职业。这期间，他团结组织20多万党员、青年参与到志愿服务活动中。李森所带领的团队被中央宣传部、中央组织部、中央文明办授予“全国最佳志愿服务组织”称号，李森本人先后获得“全国优秀党务工作者”“第三届全国道德模范”提名奖、“中国志愿服务金奖奖章”“中国青年五四奖章”“全国优秀志愿者”等荣誉称号。

1. 志愿服务带来纯真快乐

从2000年开始参与志愿服务到现在，在一线志愿服务奋斗20余年的李森始终保持着对志愿精神的初心。从探访、照顾孤寡老人到组建、管理专业志愿服务组织，李森始终坚守的还有持续学习和推进改善志愿服务事业的决心。对李森而言，参与志愿服务有酸、甜、辣唯独没有苦，因为他觉得能从中享受到付出的快乐。他曾这样讲道，“也许多年的坚持，就是希望能把一份爱心传递下去；也许多年的坚持，是因为在付出的过程中看到了最纯真的笑容、最纯净的眼神。一路上我并不寂寞，因为有许许多多的同道中人，因为相信在这条路上，我还会认识更多有志于志愿者事业的、和我一样有着同一个名字的人：志愿者。”①

不忘初心，持续耕耘。在李森的坚守中，除了个人的快乐和收获，他还致力于将志愿精神传递下去，丰富整座城市的文明。他在《与志愿者同行——中国广东志愿服务调查纪实》一书中写下以下文字。

> 我们相信，每一个志愿者所做的服务，就像投入湖面的石子，会在这个社会激起层层涟漪，并不断扩散，影响着这个社会。同行者越多，激起的涟漪就越大，涟漪扩散得也越快。我们还坚信，评价一个城市的文明程度，并不是看它有多少高楼大厦，而是看它有多少志愿者。城市的文明，与志愿者同在。②

2. 志愿服务促进城市文明

经年累月，李森在利用闲暇时间进行志愿服务工作的过程中慢慢体会到志愿服务对于个人以外的意义。正如上文所述，城市的文明与志愿者同在，李森所关注的不仅仅是如何更好地参与志愿服务，还包括城市文明与志愿服务事业同步发展的关系。他曾在采访中提到，“我感觉我们国家的未来，广东的未来，是需要很多志愿者，很多志愿者组织的，那样的话，我们的社会才会更和谐，才会更幸福。志愿者的事业，是社会、国家和我所在的城市需要的，所以我坚持了下来。”③

①谭建光，李森，朱莉玲．与志愿者同行——中国广东志愿服务调查纪实［M］．广州：广东人民出版社，2006：150.

②同①：3.

③郭蕾，孟畅．李森代表：用志愿服务精神助力城市文明建设．http://qnzz.youth.cn/zhuanti/tdh17/kx/201306/t20130621_3401049.htm.

李森着手壮大志愿服务事业，一方面，他开始服务于志愿服务团队的构建并从事培训和管理方面的事务，他所带领的广州青年志愿者协会启智服务总队有注册志愿者8万余人，他个人累计的志愿服务时长超过3.5万小时，他所带团队累计的志愿服务时长超50万小时。正是在他和一群志同道合的志愿者的共同努力下，广州的志愿服务事业也更加欣欣向荣。同时他还积极参与到城市所需的各项志愿服务队伍的组建和培训中，在2010年，他更是承担起50万名亚运城市志愿者的组建、培训和管理工作。另一方面，他将志愿服务的对象从早期的特殊困难群体逐步拓展到更广大的人群。在李森看来，需要帮助的不只是一些特殊的人群，也包括我们社会中许许多多的平常人。在吸收更多人参与志愿服务的同时将志愿服务惠及更多的群体，这正是他推动广州志愿服务蓬勃发展的探索路径。

李森既是一名优秀的个人志愿者，同时也是千千万万志愿者的带路人。可以说，他是广州志愿界的“英雄”。

3. 志愿服务成就理想人生

随着志愿服务事业的壮大，李森开始感到兼顾工作与志愿服务的力不从心。2011年，他决定辞去原来的工作，全身心投入他所钟爱的志愿公益事业。他说：“我想把更多的时间和精力投入到志愿服务，但当时的工作不允许，我想明白了，我只能专注做好一件事情。”辞去工作意味着需要面临收入方面的压力，但是他自己觉得更值得，因为“做志愿服务，既能帮助别人，又能养活自己，我觉得这就是最理想的人生。”①

此后，在继续志愿服务的同时，他创办了启智社会工作服务中心。依托社工服务中心，他探索着“社工+志愿者”的服务模式，为大量有需求的人群提供更专业化的志愿服务。不仅如此，他还与广州市天河区212个社区和其他领域党组织结对共建，积极开展更具针对性的志愿服务，将服务范围拓展到佛山、惠州等地。

①黄蓉芳．广州青年志愿者李森：我80%的时间给了志愿服务［N］．广州日报，2016-05-09.

一路探索，继续前进，李森还在志愿服务的事业上耕耘着。他说："我80%的时间都给了志愿服务，要说理由，我就是喜欢那种别人因为我的帮助而开心的感觉。"[①]他始终坚守着对于志愿服务的初心，这颗初心正如他的网名"乌托邦"所寄托的含义——对理想的追求、对现实的超越、对内在精神的向往与关怀。

三 吴怡：让志愿服务促进成长

吴怡，出生于1992年，中共党员，曾就读于广东外语外贸大学南国商学院经济系2010级会展经济与管理班。2010年吴怡入选第16届广州亚运会颁奖礼仪专业志愿者。在开幕式上，吴怡因始终保持的笑容被广大观众所喜爱，并被称为"亚运微笑姐"。

吴怡

1. 志愿服务给予青年自信

2010年，初入大学的吴怡入选广州亚运会礼仪志愿者。经过刻苦的训练，她从550名颁奖礼仪专业志愿者中被选拔成为30位参加开幕式的志愿者之一，最后成为上台的三位志愿者之一。在开幕式上，她因一直保持自信而热情的微笑并且长时间进入直播镜头而广为人知，大家热心地称她为"亚运微笑姐"。对于意外走红，吴怡有些意外。起初她以为摄像机只是扫过而已，并不知道会长时间地停留。事后她接受采访时说，"上了台都是按照礼仪要求做的，大家只是位置安排不同，无论在哪，都要保持良好的仪

①黄蓉芳. 广州青年志愿者李森：我80%的时间给了志愿服务［N］. 广州日报，2016-05-09.

态。当时也没想到被摄像机拍到，没想那么多，只是要求自己做到最好。”虽然只是志愿服务，吴怡仍然会尽力做到最好，并且信心十足。在接受记者采访时她坦言道，“当然紧张，全身都紧张。万人瞩目之下，要始终保持微笑，挺有难度的。虽然，我当时感觉笑容有点僵，但很有信心。我们训练了那么久，相信自己一定能做好，只要多注意细节就好了。”①

吴怡的不经意走红，看似轻松而意外，其实离不开她对志愿服务的认真态度以及对自身的严格要求。即使在可能没有聚光灯的场景里，她仍然对自己保持着非常高的要求。正是这种自信和认真的志愿精神让她在不经意的长镜头前被大众所喜爱，从这一点来看，吴怡的走红并不意外。

2. 志愿服务展现青年担当

结束亚运会志愿者之旅后，志愿精神的种子也在吴怡心中逐渐生根发芽。面对成名后接连不断的代言、广告、电视剧等商业活动邀约，她都一一推却。吴怡很坚定：“我的荣誉是亚运带给我的，我有责任把亚运的志愿精神延续下去。所以，任何商业活动我都不参加。”②

吴怡选择在此后的大学三年时间里继续着志愿服务。从为身患白血病的亚运志愿者易燕齐募集捐款进行街头义演，为地贫男孩江镇华义卖募款，到率队赴偏远的清远市阳山县黄屋村小学为留守儿童开展志愿支教活动，吴怡都是躬体力行。虽然辛苦而忙碌，但吴怡仍享受着志愿服务带来的满足。她由衷地说：“真正做志愿者服务的时候，你帮助一个人，他们给你一个带着微笑的谢谢，这是鼓励我们做下去的动力，这是真正从事志愿者服务的人才能感受到的。”③

从“微笑姐”到“志愿姐”的转变，正是吴怡延续志愿服务精神的真实写照。“微笑姐”带来的美誉并没有让吴怡就此停步，在她身上反而多了一份践行

①夏杨．要始终微笑，挺有难度［N］．羊城晚报，2010-11-14.

②邓琼，刘晓伟．“微笑姐”吴怡：有责任延续志愿服务精神　“芭蕉叶男孩”：不努力付出怎有理想回报［N］．羊城晚报，2012-09-27.

③谢尔．“微笑姐”吴怡：以后请叫我　“志愿姐”．http://theory.people.com.cn/n/2014/0107/c373265-24045309.html.

志愿精神的责任。对于这样一份责任，吴怡更真切地感受到自己的进步，她曾说："在实践奉献、友爱、互助的志愿精神的同时，我也感受到自身的进步。"①

3. 志愿服务传递青年使命

2016年，吴怡研究生毕业后留在广东外语外贸大学成为一名团委教师，虽然不再是各类公益服务的一线志愿者，她与志愿服务的联系并没有消失。在采访中，她回答道，"对于我的人生来说，广州亚运会是一个转折点。过去的十年，我没有停下志愿工作，下一个十年，我会做好本职工作，当好大学老师，并且在志愿服务领域继续贡献自己的力量。"②在团委教师的岗位上，她也从志愿服务的参与者转型为志愿工作的纽带和桥梁，为青年学生志愿者服务搭建平台并提供协助和引导，让志愿精神在广大青年学生群体中更好地传播与延续。

在新的岗位上，吴怡希望能以自己从事志愿工作的经历，去鼓励和带动更多学生参与公益活动，培养他们成为有社会责任心的栋梁之材，更希望学生在走进社会之后，辐射更多的年轻人参与到志愿工作当中，并将志愿精神弘扬到更广阔的天地。

①邓琼，刘晓伟．"微笑姐"吴怡：有责任延续志愿服务精神 "芭蕉叶男孩"：不努力付出怎有理想回报［N］．羊城晚报，2012-09-27.

②杨敏．亚运 "微笑姐" 吴怡——10年来从未间断志愿工作［N］．广州日报，2020-11-01.

第三节

中学生志愿服务的政策指导与保障

近年来，中学生志愿服务得到了党和政府的高度关注，一些更加全面而具体的指导政策、实施意见陆续出台，对中学生参与志愿服务的各方面事项作出了指导，大力推动了中小学生志愿服务的制度化发展。对中学生而言，熟悉这些政策、意见可以明白自己参与志愿服务的权利义务、形式内容以及相关的奖励，从而更有效地参与志愿服务并提高自身综合素质，实现全面发展。对学校等组织和开展学生志愿服务的相关机构而言，可以更加规范、高质量地开展学生志愿服务活动，有针对性地为中学生参与志愿服务提供应有的培训、保障和指导。

梳理相关政策，可见各级政府部门主要从以下几个方面对学生志愿服务提出指导意见和办法保障。

一 服务领域和参与形式

在党和政府的大力引导下，在学校及社会各方力量的推动下，中学生对志愿服务已经形成了正面的主观认识，具有较强的参与志愿服务意愿。那么中学生作为未成年人，适合参与哪些志愿服务呢？共青团中央及教育部均发文明确中学生志愿服务服务的领域。《关于加强中学生志愿服务工作的实施意见》（中青联发〔2016〕9号）文件指出："中学生志愿服务领域主要包括：扶贫济困、助老助残、社区服务、生态环保、网络文明、文化建设等。服务内容主要包括：普及文明风尚志愿服务、结对帮扶和送温暖献爱心志愿服务、应急救援知识普及志愿服务、面向特殊群体的志愿服务以及网络志愿服务等。中学生志愿服务以学校组织开展为主，鼓励学生自行开展。引导学生从身边做起、从小事做起，将志愿服务融入日常生活。”

同时，《学生志愿服务管理暂行办法》（教思政〔2015〕1号）中要求未成年学生参与志愿服务须经监护人同意，学校及相关机构应尽到告知的责任。“十周岁以上的未成年学生，经其监护人同意，可以申请成为学生志愿者。未成年学生参与志愿服务，根据实际情况应当在其监护人陪同下或者经监护人同意参与志愿服务。”

共青团广东省委在《关于推进学生志愿服务工作的实施意见》（团粤联发〔2016〕32号）中对学生志愿服务的参与形式作了进一步具体的规定，要求学生立足学校、社区就近就便开展志愿服务。“围绕文明校园建设、依托学校公共服务场所设立志愿服务岗，鼓励学生积极参与提升校园文化、美化校园环境等志愿服务。鼓励学生立足困难师生迫切需求，主动为其提供学业辅导、亲情陪伴等校内互助志愿服务。鼓励学生志愿服务组织依托博物馆、图书馆、文化馆等群众文化活动场所以及家庭综合服务中心、康园工疗站等社区服务阵地，通过‘结对+接力’方式常态开展志愿服务。”

二 教育教学与培训

2008年，中央文明委在《关于深入开展志愿服务活动的意见》（文明委〔2008〕6号）中最早指出：“青年是志愿服务的生力军，学校是开展志愿服务教育的主阵地。要把志愿精神作为未成年人思想道德建设的重要内容，纳入学校的教育教学。”而后在国务院公布的《志愿服务条例》、教育部颁布的《关于深入推进学生志愿服务活动的意见》等相关文件都规定了学校必须开设志愿服务类综合实践活动课程，并且将学生参与志愿服务活动纳入实践学分管理。

《志愿服务条例》明确规定："学校、家庭和社会应当培养青少年的志愿服务意识和能力。高等学校、中等职业学校可以将学生参与志愿服务活动纳入实践学分管理。"

这些文件、法规的出台表明，志愿服务活动不仅仅是一项活动，更是一门综合实践课程，是学校教育教学的一部分。共青团中央在《关于加强中学生志愿服务工作的实施意见》中"鼓励将志愿服务内容纳入地方课程或校本课程。吸纳服务对象意见，编写修订中学生志愿服务培训教材"。

同时，教育部对志愿服务的培训内容也作出了相应规定。2015年3月，教育部印发《学生志愿服务管理暂行办法》，明确规定："地方教育部门应完善各学段志愿服务教育体系，系统开展志愿理念、志愿精神、志愿服务基本要求和知识技能、志愿者权利和义务、志愿服务安全知识等基础教育。"

在此背景下，广东省出台了更具体的实施意见，进一步健全学生志愿服务教育培训体系。《关于推进学生志愿服务工作的实施意见》指出："学校要对学生系统开展志愿理念、志愿精神以及志愿服务知识技能、权利义务等基础知识培训。各级共青团、教育部门要定期开展学生志愿服务师资培训，并将学生志愿服务纳入德育教研活动以及班主任等各类教师培训培养体系。学校要将学生志愿服务纳入团校课程设置，依托团校加强对入团积极分子、团员等学生志愿者骨干的培训工作，根据志愿服务实际需要开展有针对性的专项培训。"

因而，学校应构建科学、规范的志愿服务教育体系，从编写教材、撰写课程大纲、规定课程性质、设计教学环节到建立专兼职相结合的指导教师队伍等方面入手，推进中学生志愿服务的发展。

三 保障机制

推动中学生志愿服务的可持续发展，加强学生志愿服务的保障体系建设非常必要。政府及学校要加大对中学生志愿服务活动的资金扶持，设立中学生志愿服务工作专项经费并纳入学校预算管理。《关于推进学生志愿服务工作的实施意见》中指出："各级共青团、教育局、文明办要积极争取当地党政和财政部门支持，设立学生志愿服务工作专项经费并纳入财政经费预算；要积极争取机关、企事业单位、公益基金会、慈善组织支持，为学生志愿服务活动提供资金保障。"

同时，《学生志愿服务管理暂行办法》还指出："专项经费的使用和管理要公开透明、专款专用，用于志愿服务组织实施、认定记录、认证表彰、教育培训，以及根据需要为学生参加志愿服务购买保险、提供物质保障等。志愿服务组织需要提高资金的使用效益并接受学校的监督、审查。"

四 激励机制

在教育部、共青团中央、广东省的发文中多次提及中学生参与志愿服务的激励机制。《教育部关于深入推进学生志愿服务活动的意见》（教思政〔2009〕9号）规定：志愿服务情况会"作为综合素质评价的一项重要指标，同时也可作为学生评优、高校选拔的重要参考因素"。在《关于推进学生志愿服务工作的实施意见》中进一步明确：各级共青团、教育局、少工委要把学生参与志愿服务情况作为"优秀共青团员""优秀少先队员""优秀学生""三好学生"等各类学生评先评优的重要依据。再者，共青团中央在《关于推动团员成为注册志愿者的意见》（中青发〔2014〕29号）一文中明确要求："入团前，要将是否是注册志愿者、是否参加过一定时间的志愿服务活动作为考察内容；入团时，要积极同步推动新团员同时成为注册志愿者。在开展'推优'入党工作时，要将是否在注册志愿者中发挥骨干作用作为考察内容。"这些规定的出台，激励了更多中学生参与志愿服务，也更好地突出了团员的先进性。

另外，《关于加强中学生志愿服务工作的实施意见》对志愿服务的评价和记录提出具体要求："学校要制定科学规范的评价制度，以日常服务记录、组织评价、服务对象评价为主要依据，对中学生志愿服务工作进行综合评价。学生参加志愿服务情况应纳入综合素质评价，学生志愿服务记录应如实完整归入学生综合素质档案。”

第三章

志愿服务活动与品牌

随着社会不断的发展，参加志愿服务已经成为了许多学生日常生活中不可缺少的组成部分。校园内外活跃着越来越多的志愿者身影，志愿服务的形式多种多样，活动领域不断扩大，内容更加广泛。志愿者可以在学校里帮助同学老师，更可以走出校门，走进居民楼、社区小巷、敬老院、爱国主义基地等地方服务更多不同的人。本章主要呈现不同类型的志愿服务活动，介绍广东中学生开展的丰富多彩的志愿服务活动，以及共青团品牌志愿服务活动和潮流时尚的志愿服务形式。

第一节

立足校园，服务同学

校园志愿服务是指由学校围绕文明校园建设、依托学校公共服务场所设立志愿服务岗，并鼓励学生积极参与的，旨在提升校园文化、美化校园环境等的志愿服务。校园志愿服务包括校园大型活动志愿服务和校园日常志愿服务两大类。

一 校园大型活动志愿服务

最让同学们兴奋雀跃、最需要大量志愿者参与的场景是什么？想必是学校重要的大型活动现场。学校在体育节、艺术节、科技节、校庆、开放日以及承办的省市活动等大型活动中均会设立志愿服务岗，提供医护急救服务、后勤保障服务、引导讲解服务等，确保大型活动的顺利开展。

1. 医护急救服务

广州市执信中学体育节，
医疗志愿者为受伤运动员开展救护服务

在学校大型活动特别是运动会上，医护急救志愿服务尤为重要。运动员在比赛中难免发生受伤，医疗急救的志愿者需要沉着应对伤情，不可慌张，遇到不知道如何处理的情况应及时提问，切忌胡乱实施救援。志愿服务过程中要做到“伤情至上”，对轻微受伤的伤员进行急救处理，受伤较重的伤员应送往校医室或医院。医护急救志愿者日常要学习积累和培训医疗知识，充分掌握医护技巧和方法并反复训练。运动健儿在赛场上挥汗如雨，啦啦队们呐喊助威，医护急救志愿者们则是运动员们的避风港!

2. 后勤保障服务

大型活动中的后勤保障志愿者作用十分突出，志愿服务工作贯穿整个大型活动的前期、中期和后期。在活动前期，后勤保障志愿者负责搬运物资、布置场地。大型活动一般涉及搬运大量物资，例如运动会的体育器械、文艺晚会的桌椅和乐器设备、开放日及校庆等接待活动的大量印刷资料和文创产品等，后勤保障志愿者需要事前统计整理好所需物资的清单，统一安排搬运，同时志愿者需要进行现场的场地布置和物资安放。在活动中期，后勤保障志愿者负责维护场地和维持秩序，引导同学们遵守活动纪律。在活动后期，后勤保障志愿者负责清洁场地，搬运物资归位。

后勤保障志愿者在大型活动中的人数最多，可根据工作量和工作内容再细分不同的服务岗位。后勤保障志愿者在服务过程中更多的是跟“物品”打交道，工作内容虽稍嫌枯燥，但却是整个大型活动的核心环节。后勤保障服务既对志愿者有体能要求，又考验着志愿者的耐心，要求志愿者尽可能地细心，而且要不怕苦、不怕累。

3. 引导讲解服务

在大型的接待活动中，例如校庆日、开放日、迎新日等活动里，最常见的就是引导讲解服务的志愿者。他们腰杆笔直，露出亲切的微笑，落落大方地为到访者提供咨询引导、活动讲解等服务。

有人这么形容学校大型活动中的志愿者：“也许有时候我们并不会向志愿者寻求帮助，但是他们在这里，让我们知道有人在默默地支持着、坚守着，这种感觉真的很暖。”你是否也曾有这样的感觉呢?

廉江中学百年校庆活动中，志愿者为到访来宾提供引导讲解服务

顺德华侨中学志愿者在成人高考日引导现场考生

二 校园日常志愿服务

1. 卫生清洁服务

卫生清洁服务是十分常见的校园日常志愿服务。我们在校道上、操场边、走廊里经常可以看见拿着扫帚、抹布，一丝不苟地认真负责校园卫生清洁的志愿者，这群志愿者有很多美丽的别称，他们可能叫“环保天

广州市执信中学“环保小天使”进行校园卫生清洁

使”“绿天使”，又或者叫“环境卫士”，但无论他们叫什么名字，卫生清洁服务的目标都是营造干净舒适的校园环境，增添学校美意。

2. 环保节能服务

学校组织志愿者在放学后对课室、宿舍等区域开窗通风、关闭电灯、电风扇、空调，并进行巡查。如中山市第二中学的“我们都是节能侠”的志愿服务，能激发大家对日常环保行动的关注，督促大家自觉落实节能行为。同时，很多学校也会开展环保宣传的志愿服务活动，号召大家保护环境。如普宁市第二中学成立的绿色维护协会举办了一系列特色志愿活动，包括垃圾分类回收、环保宣传等。

普宁市第二中学绿色维护协会
举办垃圾分类回收活动

普宁市第二中学绿色维护协会
举办环保宣传活动

课外小知识

地球一小时

地球一小时（Earth Hour）是世界自然基金会（WWF）应对全球气候变化所提出的一项全球性节能活动，提倡于每年3月最后一个星期六的当地时间20:30，家庭及商界用户关上不必要的电灯及耗电产品一小时，以此来表明他们对应对气候变化行动的支持。过量二氧化碳排放导致的气候变化目前已经极大地威胁到人类的生存。只有通过改变全球民众对于二氧化碳排放的态度，才能减轻这一威胁对世界造成的影响。

首次“地球一小时”活动于2007年3月31日在澳大利亚的悉尼展开，吸引了超过220万悉尼家庭和企业参加。随后，该活动以惊人的速度迅速席卷全球。现在这个活动已经拓展为我国个人、社区、学校和政府共同参与的活动，通过自发熄灯一小时来激发人们对保护地球的责任感，以及对气候变化等环境问题的思考。

3. 文明管理服务

在校园各个角落都有文明管理志愿者的身影，他们用友好的笑容和亲切的言语维持校园秩序，引导学生有序地开展校园生活。中午正值食堂人流高峰期，各窗口开始熙熙攘攘，每当出现拥堵无序的情况，文明管理志愿者就会用温和的提醒语耐心疏导同学们有序地排队打饭。文明管理志愿者不仅提高了食堂的就餐效率，还减少了学生间不必要的冲突，使食堂秩序变得井然有序。除了就餐时间以外，午休、晚自习、就寝等时间也可以看见志愿者们无处不在的身影，他们开展监督管理服务，弘扬和谐校园理念，创建文明校园环境。

第二节

走进社会，服务大众

中学生走出校园，进入社会，可以依托博物馆、图书馆等群众文化活动场所及家庭综合服务中心、康园工疗站等社区服务阵地常态化开展服务。目前，广东省中学生在社区、社会中较常开展的志愿服务类型有社区便民志愿服务、扶贫助学志愿服务、环保宣传志愿服务、敬老扶幼志愿服务、大型活动志愿服务等。

一 社区便民志愿服务

（一）指引劝导志愿服务

指引劝导志愿服务是指志愿者们在医院、地铁、马路等公共场所，通过手势指引、语言劝导等方式，为人们提供指引，倡导遵守公共秩序的服务。包括医院导诊服务、地铁指引服务、交通劝导服务等。

1. 医院导诊服务

医院导诊服务是志愿者为患者答疑解惑、指引患者正确就诊的服务。志愿者耐心细致的引导可以为患者节约候诊时间。顺德华侨中学的志愿者在医院导诊岗位上服务多年，志愿者们在医护人员的带领下，分别深入门诊一、二、三楼病人多、病种多、诊疗环节多、应急变化多的位置开展服务。“门诊导医服务

顺德华侨中学开展的医院导诊志愿服务

是连接医院与患者之间的‘桥梁’，”一位学生志愿者说，“也是连接校园与社会的‘桥梁’，我们可以通过这座桥梁与社会接触。”

2. 地铁指引服务

地铁指引服务是指志愿者们在地铁站厅、站台或屏蔽门前对乘客进行文明引导的活动，引导乘客自觉排队、文明乘搭地铁。华南师范大学附属中学“蓝精灵”志愿者定期到学校附近的地铁站开展地铁指引服务，为构建文明社会、和谐社会作出贡献。

华南师范大学附属中学开展的地铁指引志愿服务

在做志愿者时，在人海中观察人生百态是一次精彩的体验。男女老少，如云海般在小小的地铁站里川流不息。穿着红色小马甲在指引乘客的同时，也帮助一些有需要的人，站立两个小时，也是十分疲惫，但听说工作人员的工作时间更长，也不禁感叹他们的辛苦。因为他们的敬业，广州地铁才变得更好。所以说，活动不仅仅是在一个人满为患的地铁站内指挥人流，更能使志愿者体会到融入社会时的那份责任感。

——华南师范大学附属中学志愿者

3. 交通劝导服务

交通劝导服务是指志愿者对做出不按交通信号灯通行、非机动车逆行、横穿马路不走斑马线等不文明行为的人进行耐心劝阻和引导的服务，可以促进居民养成良好的出行习惯，保护自身生命安全，传递文明交通理念，助力提升城市整体文明形象。暑假和寒假期间，汕头市金山中学都会组织志愿者来到汕头海滨新兴路口，指挥行人有序地通行。交通劝导志愿者在城市街头挥洒汗水，点缀青春。

汕头市金山中学开展的交通劝导服务

（二）图书馆志愿服务

无论是社区里的图书角还是城市里的大型图书馆，它们的更好运转都少不了志愿者们的参与。志愿者们从事图书整理、归类、借阅引导等服务工作，为读者营造更舒适的阅读环境。每个周末，在广州市少年儿童图书馆总能看到一群穿着广东实验中学校服的志愿者们在一丝不苟地整理被小读者翻乱的图书。这些整理归类的工作虽然琐碎，却磨炼着志愿者的耐心和细心。

广东实验中学志愿者在广州市少年儿童图书馆开展志愿服务

一整个上午都在不停地整理图书，虽然很累，但看着零乱的书籍被自己整理得井井有条，还是蛮有成就感的！最关键的是，我意识到做事要善始善终，将借阅的图书及时归位是多么的重要！

——广东实验中学志愿者陈姿婷

课外小知识

广州图书馆志愿者服务守则

（1）广州图书馆的志愿者应是热心公共文化事业，决心为此贡献自己力量的人士。

（2）在服务开始前接受图书馆的培训和指导，并积极主动地查阅相关资料，掌握更为丰富的图书馆馆藏、文献索引等知识。

（3）按议定的时间、地点开展工作，不得随意更改服务内容。志愿者的服务不能干扰图书馆工作的正常开展。

（4）着装整齐，并佩戴统一的志愿者识别标志。

（5）在对读者不文明行为进行劝阻时，应该言辞礼貌，不能侵犯读者的尊严或与读者发生冲突。如果读者的行为超过了合理的限度，应该找图书馆职工进行处理。

（6）爱护图书馆财产，遵守广州图书馆规章制度，维护环境整洁。

（三）共建和谐社区志愿服务

学生志愿者参与430课后辅导、有序摆放共享自行车、协助社区开展活动等一系列的社区服务工作，有助于加强社区共建工作，共同营造友爱互助的社区，活跃社区居民的和谐氛围。广东省新兴中药学校结合学校自身专业特点，打造社区特色品牌志愿服务活动——义诊。学生志愿者到各个社区为居民提供基础体检、医疗咨询、理疗推拿等服务，备受新兴县居民欢迎。

参加志愿活动，丰富了我们的课余生活，让我们展示自我价值、提升自信、增强专业技能实践能力，也让我们更深刻地感受到人与人之间浓浓的人情味。“纸上得来终觉浅，绝知此事要躬行”。作为一名中职学生，我们需要掌握专业的技能，而志愿活动可以让我们在服务社会、服务社区

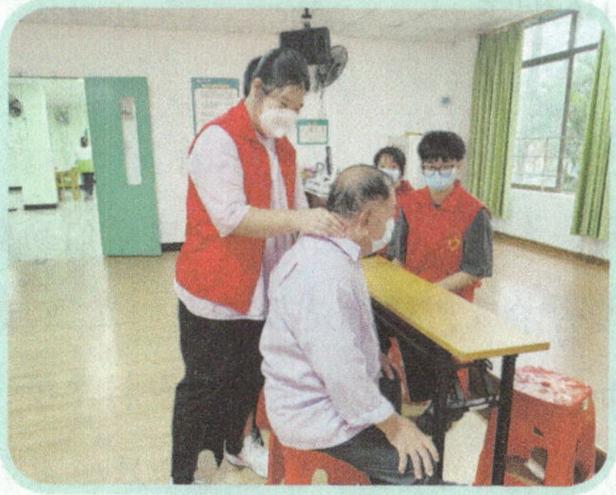

广东省新兴中药学校学生在新兴县社区养老中心开展义诊活动

的同时，有了实践专业技能的机会，还有了在就业前就用我们的专业能力服务社会的机会。学校志愿服务队组织了多次面向老年人、特殊儿童、残疾人以及普通群众的义诊志愿活动。在参与活动的过程中，我们收获的不只是专业技能的提升、志愿服务意识的提升，还有许多温暖的回忆。接受理疗的老人牵着我们的手让我们不要太累了，一个个伸出大拇指点赞，让我们很感动。爱是相互的，付出和收获也是相互的，我想这就是志愿服务的内涵。

——新兴中药学校学生志愿者

二 扶贫助学志愿服务

（一）山区助学服务

山区助学服务是指师生进行爱心募捐，志愿者们亲自下乡将筹集到的善款和教学用品捐赠给乡村中小学的学生，用实际行动支持他们学习生活的服务。偏远山区的条件相对艰苦，教学力量薄弱，留守儿童较多，山区助学服务能把山区的艰苦学情、山区学子的需求传递给身边的人们，让他们共同关注山区助学。

乡村学校，不能只看简陋的表面，有时内在才是我们真正要看到的东西。乡村学校的内在，是同学们勤奋努力的品质、热情活泼的性格、轻松和谐的学风，这也是值得我们发掘与借鉴的。勤奋好学、自强不息、生机勃勃，这便构成了我眼中的乡村学校，小小的地方却载满了大大的梦想，装满了对未来的希望，它就像一只逆流而上的小舟，正向梦的彼岸不断前进……

——肇庆中学学生志愿者梁子欣

肇庆中学持续了 15 年的助学活动

课外小知识

希望工程

共青团中央、中国青少年发展基金会于1989年10月发起实施以救助贫困地区失学少年儿童为目的的公益事业——希望工程。截至2020年，全国希望工程累计捐赠收入175.8亿元，资助困难学生639.7万名，援建希望小学20 593所，希望厨房6598个，援建快乐系列项目45 771个。同时，还根据贫困地区实际推出了“圆梦行动”、乡村教师培训等项目，有效推动了贫困地区教育事业发展，服务了贫困家庭青少年成长发展，弘扬了社会文明新风，希望工程成为我国社会参与最广泛、最富影响力的公益事业之一。

截至2021年12月31日，广东希望工程累计筹款超13.66亿元，累计支出超11.88亿元。援建希望小学890所，艺术课室100间，希望书库、三辰影库和希望网校2000多个。资助学生22.6万人次，资助金额超2.4亿元。招募4262名支教志愿者赴广东12个地市的乡村学校开展支教服务，提供逾281万节精品课程，惠及近54万乡村学生。建设幸福厨房和希望厨房459间，整合资金1607万元。着力服务青少年健康成长，实施重大疾病救助1518例。联合社会各界援建足球场15个，整合资金超384.4万元；援建篮球场59个，资助金额超640万元。筹资和资助规模一直走在全国前列。

33年前，希望工程启动之时，中国每年有100多万小学生因家庭贫困

希望工程 PROJECT HOPE

交不起四五十元的书杂费而失学。33年后，中国的乡村教育条件已发生了翻天覆地的变化！但希望工程的使命还没有完成。由于城乡发展的差距，导致城市和乡村教育资源的不均衡，新时代的希望工程仍在努力推动教育公平，让每一位贫困学子都能享有平等优质的教育资源！

在希望工程资助的学生中，“大眼睛”苏明娟是知名度最高的一位。1991年，年仅8岁的苏明娟的大头照片成为希望工程的象征。苏明娟的人生，也因为这张照片彻底改变。

1997年，14岁的她成为共青团第十四次全国代表大会最小的与会代表；2002年，她考入安徽大学，毕业后进入银行工作，拥有了幸福美满的家庭；2017年，苏明娟成为共青团安徽省委兼职副书记。她大概是中国最特殊的“名人”，生命中的每一个重大时刻，都会引起全民关注。

而在全民关注下长大的苏明娟，也实现了从受助者到捐赠者的转变。初中时代起，苏明娟就开始主动把自己收到的捐款的一部分转赠给贫困小学生；上大学后，她靠勤工俭学维持自己的学业，把自己的助学款全部转赠给了其他贫困大学生；参加工作后的第一份工资，苏明娟全部捐给了希望工程；此后每个月，她都会从工资中拿出一部分捐给希望工程。2018年，苏明娟拿出自己的3万元积蓄作为启动资金，在青基会设立了“苏明娟助学基金”，致力于帮助更多的贫困学子。如今的苏明娟，成为党的二十大代表。她是希望工程最具代表性的受益者，也是践行社会公益事业的行动者。苏明娟表示：“不希望个人受到太多关注，希望大家把关注焦点放在希望工程以及如何帮助贫困学生上来，齐心协力去帮助更多真正需要帮助的困难群体。”当年的大眼睛女孩，不仅收获了成功的事业和美满的家庭，还成为善良、感恩、热爱公益的优秀青年，她正在用自己的力量影响和改变更多的人！

（二）支教服务

除了捐资助学外，中学生还可以利用寒暑假时间走进偏远地区的小学校园，向教育较落后地区宣讲国家教育资助政策，给孩子们传授知识，给他们带去希望和力量。中学生通过支教活动，能够更好地认识社会，更好地认识自己。

一名普通高中生被小学生叫着“老师”，这真是让人感到快乐！其实我一开始并不习惯这个称呼，但慢慢地，我坦然接受，接受我的角色不仅是一个教他们做手工的人，更接受了我身上作为一名“老师”角色的责任。小学生们非常渴望知识，正是这种渴望，让我有了更多信心与他们相处，在他们身上，我学会了师生间的沟通和相互关爱。

当然，收获体会还有很多，在聂村生活的这段时间里，发生了很多美好的事，比如，我能够与师兄师姐一起去做调研，一起去做墙绘，一起去做后勤工作。尽管工作过程中和当地村民语言沟通有障碍，尽管天气很热工作很累，但有同伴们的支持和鼓励，这一切的经历都变得很美好。在聂村的日子里，我学会了感恩，我得到了成长，我活出了不一样的自己！感谢你们！

——中山市第二中学学生志愿者陈敏妮

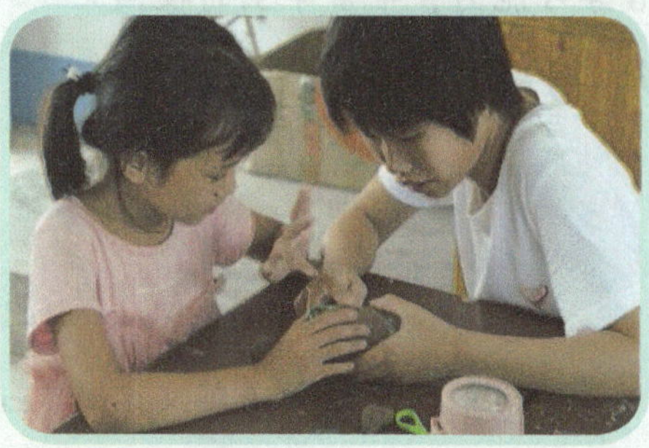

中山市第二中学师生在湛江聂村支教

课外小知识

希望乡村教师计划

广东大学生志愿服务山区计划希望乡村教师计划（以下简称“乡教计划”），由共青团广东省委联合广东省青少年发展基金会、广东省志愿者联合会共同发起，是广东大学生志愿服务山区计划（以下简称“山区计划”）的支教专项，项目由广东省乐道公益助学促进会等机构实施，旨在组织优秀的青年志愿者在粤东、粤西、粤北地区的乡村学校支教1～3年，缓解农村贫困地区教师结构性短缺的局面，提高当地教育教学水平，帮助贫困家庭学子更好地完成学业。

乡教计划在每年的3月开始招募，选拔优秀的应届生、在校大学生（以师范生、大四保研学生为主）、社会爱心人士，对他们进行专业的教学能力和志愿服务能力培训。经过培训、考核后，志愿者于学期伊始奔赴支教学校，教授小学和初中的语文、数学、英语、音乐、美术、体育等科目，组织开展校园文体活动，提高学生的综合学习能力，丰富学生的校园文化生活。

山区计划“希望乡村教师计划”志愿者陈琳在乡村学校支教

为中国而教

“为中国而教”（英文名称Teach Future China）创始于2008年，与联合国教科文组织国际农村教育研究与培训中心合作成立。2014年5月，“为中国而教”在北京市民政局注册成为民办非企业单位——北京为华而教公益发展中心。“为中国而教”集结和支持优秀青年到乡村任教，旨在培养促进教育公平的领导者，推动中国教育健康发展。“为中国而教”通过志愿者教师项目来弥补乡村学校教师数量的短缺，同时通过支持返回农村基层任教的优秀师范生完成新教师成长，来培养理解中国农村的未来教育家和促进教育公平的领导者，共同推动中国儿童教育事业公平健康地发展。截至2021年年底，“为中国而教”累计支持了1100余名项目成员，陪伴了逾11万名农村学生成长。

三 环保宣传志愿服务

（一）巡河护山守海

中学生志愿者在河道边、山林里、海滩上开展垃圾收捡活动，给河涌、山丘、沙滩换上“新装”。志愿者们组成小分队定期巡视河道、保护山林、守卫海洋，积极传播生态文明和环保理念。

肇庆中学“温暖北岭山”行动

云浮市邓发纪念中学组织志愿者前往富丰公园河道两岸收捡垃圾

课外小知识

“保护母亲河”志愿服务

约20年前，我国生态环境十分严峻，水土流失严重，流失面积达179.4万平方千米，占国土面积的18.7%。沙漠化土地以年均增长2100平方千米的速度扩展，北方地区沙漠、戈壁、沙漠化土地已超过149万平方千米，约占国土面积的15.5%。生态治理能力远远赶不上破坏速度，生态赤字逐渐扩大。保护和改善我国生态环境已迫在眉睫。

1999年1月，由共青团中央、中国青基会联合国家有关部委共同发起了“保护母亲河”大型环保公益项目。这是我国最早发起的全国性以保护河流为主题的志愿服务活动。2001年，“保护母亲河行动”获首届“中华环境奖”；2005年，“保护母亲河行动”获联合国首届“地球卫士奖”。

“保护母亲河行动”的宗旨是：以保护黄河、长江及其他江河流域生态环境为主题，面向社会公众，倡导绿色文明意识，筹集社会资金，资助生态恶劣地区建设绿色工程，推动国家生态建设。

（二）垃圾分类宣传

垃圾分类宣传是中学生志愿者通过社区摆摊游戏、摊位答疑、上门解说、派发宣传单张等方式宣传垃圾分类及相关环保知识的服务。在服务中，志愿者教导人们如何通过垃圾分类管理，最大限度地实现垃圾资源利用，减少垃圾处置的数量，让垃圾分类深入人心，内化为自觉的行动，改善生存环境状态。

（三）植树造林

植树造林志愿服务活动是环境保护的直接行动，志愿者们需要完成搬运树苗、挥锹挖坑、扶苗培土、提桶浇水等各种植树工序。积极开展植树造林志愿服务，可以进一步弘扬植绿、护绿、爱绿的文明新风，培育崇尚自然、善待环境的环保意识。

课外小知识

植树时需注意的事项

①尽量穿旧鞋或雨鞋参与活动，方便作业；

②可携带手套防止第一次使用铁锹时磨伤手；

③自行携带水桶；

④建议3～6人一个小组分工合作；

⑤树坑的大小应比树的根球大，深度需掩住树干；

⑥加土时需将土踩实，确保树苗扎根；

⑦用树枝、落叶铺盖在树的周围，防止水分蒸发；

⑧植树后需为树浇透一次水。

四 敬老扶幼志愿服务

（一）长者服务

1. 探访老人

“老吾老以及人之老”，敬老爱老是我们中华民族的传统美德。志愿者探访老人志愿服务主要是为社区孤寡老人及敬老院老人提供必要的生活物资和节日慰问品，与老人家拉拉家常，用心聆听爷爷奶奶们的故事，旨在改善老人的物质生活和丰富老人的精神生活。常言道：看一个社会的文明程度，就看他们如何对待老人和小孩。从志愿者身上，就可以看到国家的未来和希望。

在具体的敬老探访活动方面，广州市南海中学青年志愿者协会有着和传统单向服务不同的做法。在长期志愿服务中，广州市南海中学的志愿者们了解到绝大多数老人有自己的兴趣爱好或者一些小手艺，例如织毛衣、煲老火汤、做地方特色糕点、纳鞋底等，在身体状况允许的情况下，他们也想有机会可以体现自身的价值，做到“家有一老如有一宝”。因此，广州市南海中学通过构建一个中间平台的形式，将想要学习一些生活技能和传统手艺的高中学生和一些有时间、有精力的老年人联系起来，为他们架设一座彼此联系的桥梁。在满足老人的精神需求的同时，志愿者在服务和陪伴中也可以掌握自己感兴趣的技能，既有付出也有收获。广州市南海中学团委书记陈冰表示："这个服务项目给传统单向的敬老活动注入了活力，青少年志愿者从单向服务的角色中跳脱出来，双方在互动中建立起了彼此相连的融洽关系。"

广州市南海中学的"2+1"与子偕老家庭探访活动入选2021年"益苗计划"广东志愿服务组织成长扶持行动暨志愿服务项目大赛中学专项组示范项目奖。

广州市南海中学学生敬老志愿服务

王奶奶有着一双巧手，煲得一手好汤，做得一手漂亮的手工，她教会我们一些简单的煲汤技巧和制作手工的办法。我们志愿者小分队会结合其他小组的情况，联合社工姐姐组织关于老年人居家安全的宣传活动，通过设计简单有趣的小游戏让社区老年人了解到更多居家安全和饮食健康的知识。

——南海中学学生志愿者张欣婷

2. 老年食堂

为了解决空巢老人行动不便，独自生活吃饭难、做饭难的问题，中山市桂山中学善行社从2018年开始与公益食堂合作，每周不间断为老人做饭、送餐，与老人谈心，将温暖送到老人的身边，解决他们的生活所需。每个周六的早上8点，学生志愿者都会风雨无阻在桂山中学的门口集合，一起出发前往公益食堂，为老人们的午餐忙碌。志愿者针对每位老人的不同情况，为他们建立个人

中山市桂山中学公益食堂志愿服务

健康档案，特别备注高血压和高血糖老人的用餐注意事项，定时把情况反馈给饭堂，让饭堂能根据实际情况进行调整。

（二）儿童服务

1. 走访儿童福利院

儿童福利院是为无依无靠、无人抚养的孤儿和残疾儿童提供服务的社会福利事业单位。志愿者在儿童福利院走访的过程中，通过与孩子们一起阅读绘本、做游戏等互动交流和节目表演等方式传递爱心，鼓励孩子们发扬自强自立精神，克服眼前的困难。“当我们走进福利院，我的整颗心都变得柔软！这里的孩子出身特殊，他们不仅需要政府的帮助，更需要社会的关心。”一位志愿者如是说。

2. 陪伴特殊儿童

特殊儿童学校是为中重度智障儿童进行康复治疗、缺陷补偿、职业培训、文化教育的学校。志愿者在学校里与特殊儿童同学习同游戏，开展关怀陪伴的活动，肇庆市高要区第一中学与高要区启智学校结对共建志愿服务基地，开展“雁携星行”关爱特殊儿童志愿服务项目，服务对象为高要区启智学校的学生，包括患有智障、自闭、脑瘫等的特殊儿童。该项目2017年实施，在2019年成规模开展，学校团委常态化组织师生志愿者到高要区启智学校开展技能学习、生活自理、社交等相关课程，进一步启迪特殊儿童的智力，淡化他们情感上的孤独，引发社会对特殊儿童的关注，帮助其融入社会。项目开展至今，约360人次受益。肇庆市高要区第一中学雁阳志愿服务队的“雁携星行”关爱特殊儿童志愿服务项目入选2021年“益苗计划”广东志愿服务组织成长扶持行动暨志愿服务项目大赛中学专项组优秀项目。

以前我没接触过这个特殊群体。接触之后我发现这些特殊孩子和正常孩子没多大区别，动手能力和学习能力比较好。这教会了我要对社会抱有善意，对不了解的事物不要有刻板印象，要学会独立思考。

——高要区第一中学学生志愿者廖焕佳

高要一中与高要区启智学校结对共建志愿服务基地

高要一中学生志愿者陪伴特殊儿童学习

课外小知识

慧灵服务起源于20世纪80年代改革开放的前沿城市广州，1990年正式成立，是国内最早的公益组织之一，服务对象主要为成年智障人士。慧灵坚持社区化、正常化的理念开展小龄康复、职前训练、艺术调理、大龄托养等服务，服务点星罗棋布在100多个不同的社区里。

截至2021年，慧灵日常直接服务对象已经超过2100人。慧灵发起的蜗牛网，已经在全国范围内为超过3500名会员提供周末兴趣活动和不定期的主题活动等。

五　大型活动志愿服务

大型活动志愿服务指志愿者在短时期内为各种大型赛会、展会等活动提供会场引导、秩序维护、后勤保障等方面的服务。在各种会场上，学生志愿者以热情、优质的服务向社会大众展示出优良的精神风貌。

第十七届中国青少年机器人竞赛裁判组志愿者

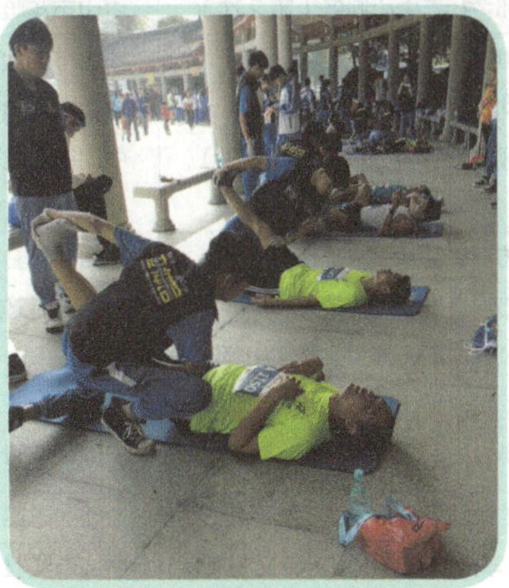

广东省新兴中药学校学生为新兴国际半程马拉松比赛提供应急医疗、运动拉伸等志愿服务

2017年中山市实验中学承接了第十七届中国青少年机器人竞赛，2017年高考、国家公务员考试、教师资格证考试等大型赛会和考试共31次青年志愿服务，服务时数达41 495小时。

中山市实验中学青年志愿服务年度统计表

序号	日期	服务名称	活动主办方	参与人数	服务时长/小时	服务总时数/小时
1	2月11日	中山市慈善万人行	市红十字会、团市委	30	4.5	135
2	2月19日	广州美术学院本科艺术专业高考	广州美院	40	4	160
3	3月5日	小升初特长生单招考试	中山市实验中学	20	4	80
4	3月11日	教师资格证考试	中山市教体局	20	3	60
5	4月8日	国家公务员考试	中山市人社局	20	8	160
6	4月8日	第十四届中山市青少年机器人竞赛	中山市科协	30	8	240
7	4月9日	中山市大中学生志愿服务集训营	团市委、志愿者协会	30	16	480
8	4月15日	2017年市教体系统公招考试	中山市教体局	20	8	160
9	4月29日	香港张志昌中学师生来访接待	中山市实验中学	30	4	120
10	5月3日	中山市纪念建团95周年暨万人入团仪式接待	团市委	40	4	160
11	6月11日	中山市学生志愿服务项目大赛	团市委、志愿者协会	5	4	20
12	7月18日	香港何文田官立中学师生来访接待	中山市实验中学	30	4	120
13	8月25日	台风天鸽校内救灾	中山市实验中学	300	2	600
14	8月28日	迎高一、初一新生志愿服务	中山市实验中学	100	4	400
15	9月16日	2017年国家司法考试	司法局	20	8	160
16	10月28日	衣物银行项目邻舍社工中心服务（第1次）	中山市实验中学	22	4	88
17	11月4日	2017年全国中小学教师资格考试笔试	中山市人社局	28	9	252
18	11月11日	坦洲实验中学来访接待	中山市实验中学	9	3	27
19	11月18日	衣物银行项目邻舍社工中心服务（第2次）	中山市实验中学	18	4	72
20	11月22日	2017年无偿献血	中山市实验中学	30	4	120
21	11月22日	美国夏威夷普纳荷学校师生来访接待	中山市实验中学	50	3	150
22	11月23日	衣物银行项目邻舍社工中心服务（第3次）	中山市实验中学	9	4	36
23	12月3日	校友返校接待	中山青协	5	1	5
24	12月29日	香港青少年国防训练营师生来访接待	中山市实验中学	50	3	150
25	10月21—22日	广东高等教育自学考试1	中山市教体局	20	8	160
26	11月11—12日	中山市首届四校模拟联合国大会暨实中第三届模联大会	中山市实验中学	38	16	608
27	11月30日—12月1日	2017年学校田径运动会服务	中山市实验中学	50	8	400
28	2018年1月28日	中山市大中学生志愿服务集训营	团市委、志愿者协会	6	24	144
29	6月5—9日	2017年高考、学业水平考试服务和文明离校	中山市实验中学	120	28	3360
30	7月15—23日	第十七届中国青少年机器人竞赛	中国科协	436	75	32 700
31	7月5—8日	“致远书屋”羡慕广西百色行	中山市实验中学	7	24	168
总计				1633		41 495

课外小知识

志愿者是2022年北京冬奥会和冬残奥会的重要服务保障力量，按照简约、安全、精彩的办赛要求，北京冬奥会共录用了18 000多名志愿者。其中，35岁以下的青年人占比94%，青年人可以说是志愿服务的主力军。赛会志愿者主要有以下6类来源：高校本专科生及研究生志愿者、中学生志愿者、各省区市志愿者、港澳台志愿者、海外华侨华人志愿者、国际志愿者。

北京冬奥会志愿者服务涵盖体育竞赛、场馆管理、语言服务、新闻运行等41个业务领域，所有的志愿者在正式上岗服务前，都接受了比较系统的培训，包括通用培训、场馆培训和岗位培训，专业志愿者还接受了特殊的专业培训。

你有参加大型活动志愿服务的经历吗？你最难忘的志愿服务经历是什么呢？跟你的好朋友一起分享吧。

第三节

百花齐放，各具特色

一 家校合作创新模式——广东实验中学圆点公益

2016年9月，广东实验中学初中部2016级（2）班同学们以中学生身份开始参加志愿活动。2017年5月，广东实验中学志愿者联盟成立，并以此名义扩大志愿活动范围。2017年11月，广东实验中学志愿者联盟正式改名为广东实验中学圆点公益。

圆点公益成立以来，以广青启智总队心心之家分队沙面志愿驿站为主要常规志愿服务活动点，辐射到社区、军营、消防队、山区、养老院、特殊儿童训练中心等15个服务点，开展“周末英语角”特色活动。在进行常规活动的同时，圆点公益每周组织形式多样的主题活动，如定期到社区进行垃圾分类的环保宣传；到道德讲堂学习社会文明规范；到禁毒教育馆学习禁毒知识；走进敬老院开展敬老孝亲活动；到特殊儿童训练机构开展义教活动；到军营与部队官兵联欢；到消防队学习消防安全知识；开展山区助学活动，为远在四川省阿坝州的贫困儿童送去衣物、书籍、书包和学习用品；为清远市飞来峡小学捐书助学等。

圆点公益有完善的组织机构、工作流程和工作手册，由学校领导、学校团委书记担任总顾问，家长作为组织的队长和各部门的负责人，负责志愿服务具体工作的开展，每周带领学生常态化开展志愿服务。圆点公益的运转模式是推进中学志愿服务的创新模式，是家校合作的成功典型，值得借鉴与学习。

广东实验中学圆点公益换届大会合影

二 与教育实践结合的志愿服务——顺德李伟强职业技术学校课程建设

顺德李伟强职业技术学校是广东省首批中学生志愿服务示范学校，该校2013年启动并构建了“志愿100”德育特色课程，其中确立了“通识-专业-实践”三轮动课程内容。

（1）志愿服务通识课是课程的“基石”，由班主任讲授志愿服务的基本理论、权利义务等知识。

（2）志愿服务专业课是课程的“阶梯”，由专业教师、协会专家等讲授家电维修、形象设计、普法宣传等知识，使志愿服务向纵深发展。

（3）志愿服务实践课是课程的“催化剂”，实践基地、行企社区等平台为志愿服务提供阵地。学生活动的策划、实施、评估，体现“知行合一”，使志愿服务效能得到提升。课程配套校本教材《中职志愿服务教程》《义工通识校内读本》《义工服务指南》《优秀义工成长案例集》等构成系统的德育校本课，将志愿服务纳入人才培养全过程。

将职业教育的实践内容与志愿服务相结合，一方面达到职业技能锻炼的目的，另一方面可培养学生的公民意识，将职业教育实践课程的内涵升华，在课程中培养学生对社会、社区的责任心和大爱精神。

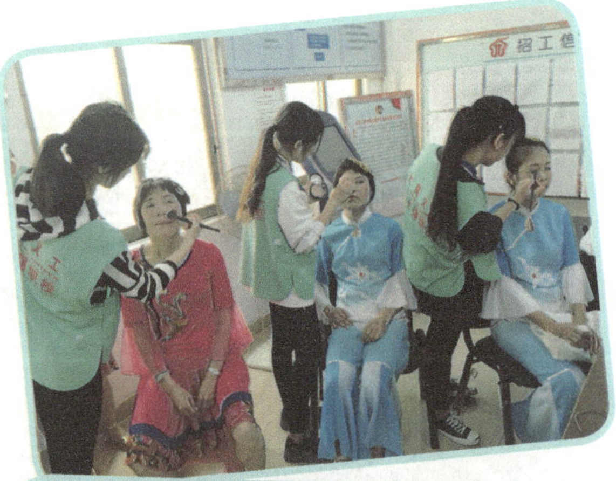

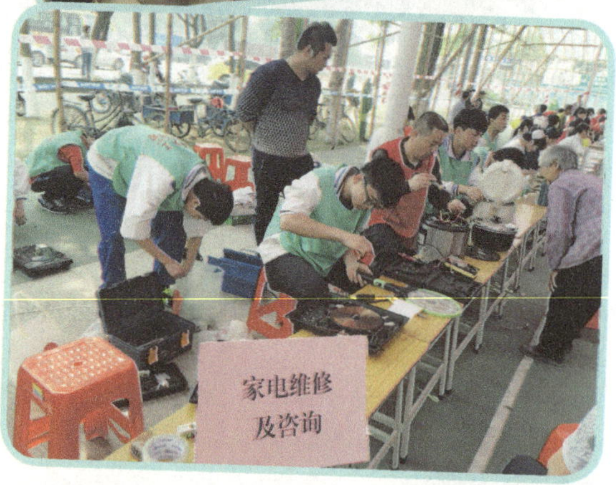

顺德李伟强职业技术学校开展的学生志愿服务

三 项目化品牌建设——中山市实验中学“绿点回收”

中山市实验中学青年志愿服务队成立于1996年，是广东省乃至全国最早成立的学生志愿队伍之一。“绿点”资源回收爱心助学项目启动于1996年，是中山市实验中学的志愿服务品牌项目，多年来通过回收废纸、塑料瓶、易拉罐等物资，筹集资金60余万元，资助贫困学生1800多人次，建立乡村书屋。“致远书屋”项目自2011年启动，目前在云南、贵州、广西等地已捐助山村学校书屋8所。同时以援建肇庆浪沙村小学致远书屋为支点，助学活动衍生出开展阅读、绘画、支教等系列文化教育活动的“萤火虫计划”教育扶贫项目。

学校团委在志愿服务运营的过程中，注重构建“项目+团干+社工+志愿者”模式，注重品牌建设，“绿点回收”从最初的校内环保助学活动，拓展出“致远书屋”项目，再衍生出“萤火虫计划”教育扶贫项目，是项目化运作管理的优秀典型。

“绿点回收”志愿服务项目发展沿革

"资源回收 爱心助学"项目运作模式图

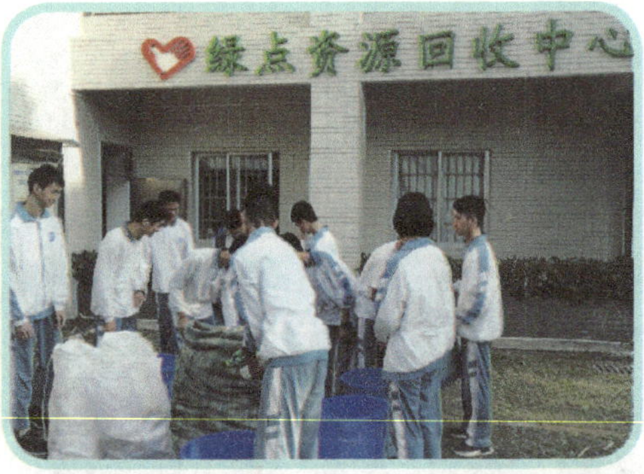

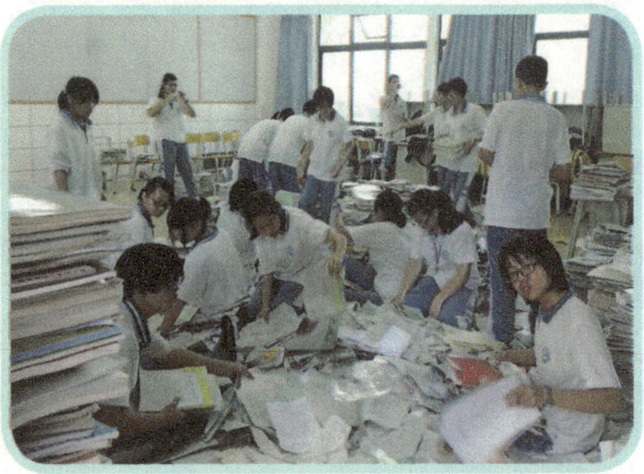

中山市实验中学"绿点回收"志愿服务

四 校企合作共建基地——华南师范大学附属中学“地铁行”

华南师范大学附属中学（以下简称“华附”）广州地铁志愿服务活动始于2011年，2011年12月22日，华附与广州地铁总公司举行了“志愿者共建基地”挂牌仪式。据了解，华附是目前唯一一家和广州地铁实现“志愿者共建基地”的中学，属于广东省较早开辟校企合作志愿服务模式的中学。

华附的志愿服务队定期组织学生到地铁站开展志愿服务活动，每年参加广州地铁志愿服务活动的学生达200人次，广州地铁的工作人员同样也会定期走进华附，向广大中学生开展地铁安全知识普及和文明出行宣传讲解，协助学校开展健康文化活动，优化青少年成长环境，共同开展各项大型公益活动。

地铁华师站与华师附中志愿者共建基地挂牌仪式

华南师范大学附属中学校企合作共建志愿服务基地

第四节

共青团品牌志愿服务活动

一 大学生志愿服务西部计划

2003年，共青团中央、教育部等部门根据相关文件精神，联合实施大学生志愿服务西部计划，招募一定数量的普通高等学校应届毕业生或在读研究生，到西部基层开展为期1～3年的志愿服务工作，鼓励志愿者服务期满后扎根当地就业创业。西部计划按照服务内容分为基础教育、服务“三农”、医疗卫生、基层青年工作、基层社会管理、服务新疆、服务西藏7个专项。

西部计划实施19年来，已累计选派27万余名大学生志愿者到中西部22个省区市及新疆生产建设兵团的2100多个县市区旗基层服务。西部计划实施以来，综合成效明显。作为实践育人工程，西部计划引导具有理想主义情怀的青年人，通过火热的西部基层实践进一步坚定理想信念，锤炼意志品格，升华志愿情怀；作为就业促进工程，它引导和帮助高校毕业生树立正确的就业观，并为他们搭建到西部去、到基层去、到祖国和人民最需要的地方去干事创业的通道和平台；作为人才流动工程，它鼓励和引导东、中部大学生到西部基层工作生活，促进优秀人才的区域流动；作为助力扶贫工程，它以西部计划志愿者为载体推动校地共建，引导高校资源参与到当地的脱贫攻坚工作中。

2015年，共青团广东省委等在西部计划的基础上拓展地方项目——广东省大学生志愿服务山区计划（以下简称“山区计划”），目标服务地为粤东、西、北经济欠发达地区，志愿者招募对象与西部计划一致。山区计划实施“希望乡村教师计划”“一校一社工”专项和“志愿服务乡村振兴行动”专项，其中，“希望乡村教师计划”的志愿者到乡村中小学开展基础教育工作；“一校一社工”专项计划参照“驻校社工”模式，围绕未成年人身心健康、青少年潜能发展、预防青少年违法犯罪等方面开展专项工作；“志愿服务乡村振兴行动”专项计划则选派一批大学生志愿者前往乡村基层一线开展乡村振兴服务。

西部计划是国家重大人才工程“高校毕业生基层培养计划”的子项目，是引导和鼓励高校毕业生到基层工作的5个专项之一。党中央、国务院高度关心西部计划志愿者，高度重视西部计划和研究生支教团工作。习近平总书记曾多次作出批示或给志愿者回信，肯定志愿者们在西部地区辛勤耕耘、默默奉献，为当地经济社会发展、民族团结进步作出的贡献，勉励越来越多的青年人以志愿者为榜样，到基层和人民中去建功立业，让青春之花绽放在祖国最需要的地方，在实现中国梦的伟大实践中书写别样精彩的人生。

西部计划志愿者邵书琴服务新疆生产建设兵团，与社区妇女谈心聊天

西部计划志愿者李瑜服务新疆，为当地直播销售石榴

西部计划志愿者吴道杰服务广西，教孤寡老人使用收音机

二　大中专学生志愿者暑期文化科技卫生“三下乡”社会实践活动

20世纪80年代初，共青团中央首次号召全国大学生在暑期开展“三下乡”社会实践活动，随后逐步在各高校展开。时至今日，“三下乡”活动已成为各大高校锻炼学生社会实践能力的一种重要的常规性活动，也是考核学生综合素质的重要指标。每年暑假，数百万大中专学生志愿者奔赴贫困地区、灾区开展“三下乡”社会实践活动。

“三下乡”是指文化、科技、卫生“下乡”。大中专学生的“三下乡”社会实践活动涉及面广、内容丰富、形式多样。活动可以是单人形式，也可以以小组的形式进行，一般来说小组形式更加有利于实践活动的展开。目前各大高校的暑期“三下乡”活动基本以支教和调查为主。

“三下乡”活动使大中专学生能够将自己在校所学的先进、科学的生活观念在广大农村传播，紧密结合他们所学的专业技术知识，在农村开展多种形式的科技文化知识和正确生活观念的宣讲活动。大学生参与新农村建设的进程，为大学生了解中国国情开启了一扇窗，使高等教育与新农村建设的关系更密切，同时提高大学生的社会实践能力和综合素质，为国家未来的发展培养优秀人才。

通过“三下乡”活动，大学生可以把农村建设的需要和青年学生的成长很好地结合起来，走正确的成长成才道路。此外，“三下乡”活动架起了党和政府与农民群众之间的一座桥梁，通过青年学生的下乡服务，体现出党和政府对农民群众生产、生活的关心。

三　广东“健康直通车”医疗卫生志愿者援藏援疆行动

广东“健康直通车”医疗卫生志愿者援藏援疆行动是广东共青团负责组织的，致力于为藏疆两地开展青少年疑难危重病症救治、基层青年医务人员国际标准培训、基层医疗卫生设施改善等志愿服务。据统计，广东共青团“健康直通车”自2005年首次开进林芝以来，已累计义诊群众达3.1万余人次，捐赠医疗物资和药品价值达1300万余元，举办51场专题讲座，17场学术交流会，捐建希望小学6所、图书馆1所，援建村卫生室29所、中学医务室4所，捐赠“希望家园”5所，为10余所学校少先队配备鼓号器材等。

近两年，“健康直通车”还驶进了四川等西部省份及广东省粤东、粤西、粤北欠发达地区进行义诊、爱心捐助等服务。2020年由共青团广东省委、广东省卫健委等联合主办的“广东‘健康直通车’乡村青少年体质健康促进行动粤东行”在潮州正式启动，该行动重点针对贫困家庭青少年进行健康帮扶。经筛查符合救治条件的先天性心脏病患者可获得全额免费救治；患有儿童风湿病、胸廓畸形、视力障碍等常见病的家庭可申请2000～10 000元不等的公益支持或费用减免；罹患白血病等重大疾病的青少年，经评估符合救治条件的，可获得最高30 000元的公益基金帮扶。

第五节

科技创新，潮流时尚

同学们，除了传统的、为人熟知的志愿服务领域和志愿服务形式以外，志愿服务其实还可以很潮流、很好玩、很有趣，在这一小节里，将为大家介绍近几年兴起的时尚志愿服务。

一 科技创新助力志愿服务

1. 无人机巡河

随着科技手段的日新月异，许多科技工具逐步应用到志愿服务中，为志愿服务增添力量，无人机就是其中一种技术代表。无人机可以怎样应用在志愿服务上呢？原来它也是“河小青”韩江志愿服务队的一员。有了无人机，志愿者们便可利用它三维成像巡河，以更广阔的视野全方位、无死角巡查河流情况，更好地保护水环境，创新巡河模式。

与人工巡河相比，无人机巡河不仅省力，还能让河道巡查不再有盲区、不留下死角，过去看不到、到不了的地方都在监控范围中。志愿者介绍说，“发挥无人机的独特优势，俯拍的角度可以更快地发现江面上的垃圾、停靠的船只等，并协助有关部门来处理。”无人机飞行状态稳定，成像功能出色，可靠性高，非常适合大范围的河道巡查工作。

除了用无人机巡查河流情况外，志愿者还可以利用无人机进行“防溺水”的安全教育。“危险水域，请尽快上岸，安全游泳，请使用救生圈……”惠州龙门县志愿者杜先生操控无人机在西林河上游龙城四小河段上空盘旋，并循环播放防溺水宣传口号。小时候曾遭遇过溺水的他，为防止类似溺水事件的发生，选择了利用无人机喊话的方式，提醒人们注意防止溺水，安全游泳。

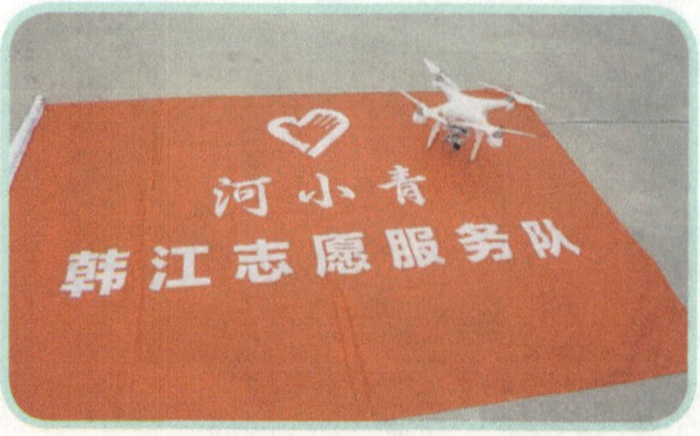

河小青韩江志愿服务队巡河的无人机

2. 云支教

连接网络，屏幕亮起，一些神奇的变化、温暖的互动正在你没有留意到的地方悄悄发生着。没有地域、年龄限制，大学生与乡村青少年也能成为知心好友；打破时空障碍，大学生化身志愿者，在线为农村孩子授课；引进社会力量，团结一致，只为了孩子更好的明天。

这是对“云支教”的描述。“云支教”是利用网络科技手段进行的新型志愿服务形式。“青年云支教”是共青团广东省委开展广东乡村青少年“两帮两促”行动中的一个项目，是大学生利用互联网的技术手段对乡村贫困在读学生进行的一对一、多对一的家庭课业辅导志愿服务。项目开展以来已累计为3695名相对贫困户义务教育阶段子女开展学业帮扶，并通过“1+1助学”项目资助相对贫困青少年5932人，为全省乡村学校提供逾8万节精品课程，惠及逾20万名山区学生。

志愿者每周跟乡村孩子约定一个时间，在这个特定的时间里，他们通过微信、钉钉等工具，用图片、文字、语音等各种方式交流学习，或者聊天、讲故事、分享生活。“云支教”的青年志愿者们用心备课，耐心答疑，不仅帮助这些相对贫困家庭的孩子筑牢“学业云梯”，也为他们多打开了一扇了解外面世界的窗口，激发了孩子们对学习的憧憬、对未来的向往和追求，更架起了“梦想云梯”。

“青年云支教”志愿者林丹芸开展一对一线上辅导

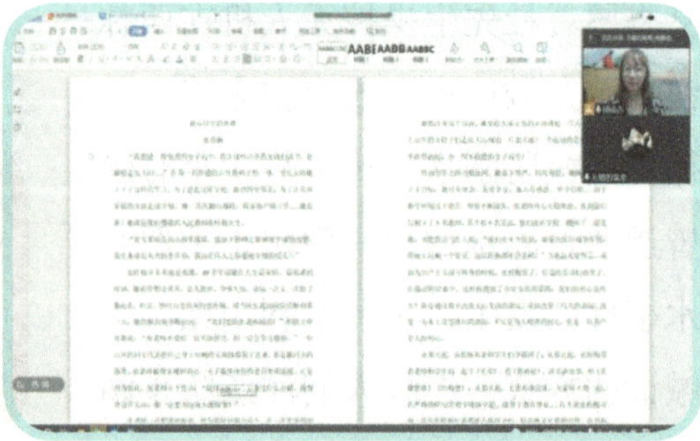

“青年云支教”志愿者钟雨杏线上指导张春娴修改作文

想一想

科学技术改变生活，也改变了志愿服务的行动方式，我们身边有什么样的科学技术可以融入志愿服务中去呢？跟伙伴们一起讨论吧。

二　艺术潮流融入志愿服务

1. 街舞支教志愿服务

随着街舞文化的兴起，街舞已被社会逐渐熟悉和认可，特别是青少年街舞以其强大的活力和吸引力更加被人们所关注。近几年，街舞爱好者除了登上表演的舞台，更登上了志愿服务的舞台，跳街舞也可以做志愿服务！

自2016年起，广东街舞联盟成立中国舞蹈家协会街舞委员会广东街舞青年支教志愿服务队，利用业余时间组织开展“街舞进校园”公益支教活动。街舞学习趣味性、互动性强，活动开展以来深受青少年欢迎。街舞可丰富青少年的课余生活，增强青少年的体质，提高青少年的团结协作能力，挖掘青少年的才艺潜质。据统计，截至目前，广东省共建立街舞公益教室148个，覆盖19个城市和地区，109家街舞机构，16 637名青少年学习获益，共计265名街舞志愿教师参与到此公益活动中来。

广东街舞青年支教志愿服务队在校园开展支教活动

2. 艺术绘画志愿服务

热烈的舞蹈可以做志愿服务，一支画笔也可以！在乡村或社区，只要安静地拿起画笔，志愿者们就可以为城市和乡村美丽的风貌增添色彩，就能给人带来“美”的感受和体验。彩绘填补了原本空白的墙面，悄悄地展示着乡村的蜕变，让社区、乡村看起来更美丽、更有朝气。志愿者们可以围绕不同的主题进行创作，融入不同的元素，让社区更富特色。

佛山市顺德区均安镇梦之坊青少年联谊会志愿者进行社区彩绘

三 “狗医生”——宠物疗法志愿服务

你知道吗？其实宠物也可以参与志愿服务，它们的能力非常棒！

“狗医生”是亚洲动物基金一项创新性的动物辅助治疗项目，由亚洲动物基金创办人谢罗便臣（Jill Robinson）女士1991年发起。该项目通过让经过严格考试的“狗医生”志愿者探访病人、老人、残疾儿童以及其他有需要的人，给人们带去温暖和慰藉。众多科学研究表明，与伴侣动物亲近可以给病人的身心健康带来巨大的好处，而且能够改善与他人的社交和沟通能力。

“狗医生”计划作为亚洲地区首个动物治疗计划，也给人们对待动物的态度带来了深远的影响，让人们有机会了解伴侣动物对人类的贡献和帮助，以实际行动证明狗是人类最好的朋友和帮手，从而改变人们对动物的态度，以“动物助人助己”的方式改善猫和狗等小动物的生存状况。

亚洲动物基金的“狗医生”项目在2004年正式开始在我国开展工作，目前在成都、广州和深圳有超过100位“狗医生”定期开展免费探访活动。自2006年项目在广州落地起，通过考试的“狗医生”超过110只，在职的有42只。小朋友和狗握握手，一起玩，开心笑；老人家摸摸狗，让狗依偎在自己身边，欣慰而感动。“狗医生”兢兢业业地和主人搭档探访了不少养老院、特殊儿童机构和教育机构，为无数人送去了陪伴和温暖。

其实同一只狗有两个身份，除了日常探访的“狗医生”身份外，当它们系上蓝领巾的时候就会变成“狗教授”，到幼儿园、小学、中学以及大学，配合工作人员给学生上一些爱护动物的课程，教育学生“关爱动物，善待生命”，从小培养孩子们的爱心和责任心，帮助他们成长为对社会负责的一员。

课外小知识

成为“狗医生”的狗都要经过严格的考核。每年每个城市有30～40只狗报名，考试通过率一般只有30%左右。考试的主考官之一，亚洲动物基金中国猫狗福利项目经理称，“严格的考试是为了保证‘狗医生’项目的安全。通过考试后，‘狗医生’会跟主人一起作为志愿者参加活动。”

“狗医生”报名的基本条件包括身体健康、性格温顺、对人友善；年满两岁或者是两岁以上；同主人共同生活超过半年；已注射传染病疫苗和狂犬病疫苗；已经绝育；已经办理养犬登记证。

狗的面试包括三个基本部分，第一，观察小狗见到主人、陌生人和其他小狗时的态度；第二，考官会对小狗进行基本健康检查，模拟今后实际探访活动中可能遇到的情形对狗进行性情测试；第三，考官会测试小狗的基本服从性，即小狗能在狗绳牵引下安静行走，并且服从主人的基本指令。

通过考试的狗们还要经过兽医的一系列检查，确保身体健康才能正式上岗。同时，工作人员也会跟狗主人保持沟通，如果遇到狗身体不适、生病等情况，会让“狗医生”休息，保证动物福利。

四 “我的声音你的眼”——口述影像志愿服务

口述影像用途广泛，适用于描述电影、电视节目、展览、视觉艺术、表演艺术及自然景观等。口述影像员会利用简洁、生动的语言，将影像信息描述、传达给视障人士，协助他们理解其内容。口述影像志愿者又称为“视觉图像的翻译者”。以电影口述影像为例，口述影像员要在尽量不干扰对白、声效和背景音乐的情况下，描述电影中演员的表情、动作及场景等，让视障人士可以完整地欣赏电影。口述影像志愿服务需要志愿者在前期接受一系列的培训，如口述电影方式方法、口述稿写作方法等，才能开展服务。

广州地区口述影像导师级志愿者李淑莹从2010年开始便多次参加口述影像活动，她表示这个过程给她的业余时间增添了许多乐趣和成就感。李淑莹表示，“口述影像的难度在于需要自己花时间写口述稿，要花时间去看作品，还要注意口述影像的原则——客观，不能主观带入情感。因为理解是交给听众去完成的。”

志愿者李淑莹为视障人士口述电影

口述影像志愿服务是新兴的志愿服务形式，但随着视障口述影像服务的需求日益增大，口述影像人才的进一步培养，专业志愿队伍的成立，会有更多视障人士享受到“观看”电影电视的乐趣。

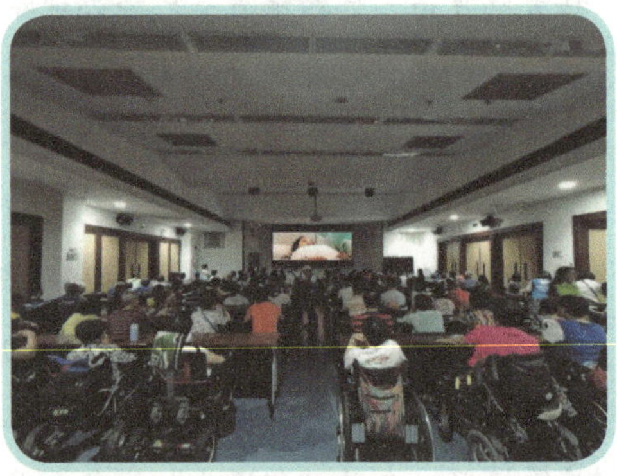

广东省立中山图书馆开展口述影像志愿服务

口述电影志愿者培训现场

第四章

志愿服务行动与策划

根据民政部统计，截至2021年9月，我国的注册志愿者超过2亿人，较2012年增长近10倍①。参与志愿服务的人越来越多，你是否也希望成为志愿者队伍中的一员呢？为志愿服务投入时间、精力，将所学所想转化为实际行动，在学校、社区等场所服务有需要的群体，奉献我们的真诚和爱心，就让我们成为一名真正的志愿者，体验助人的快乐吧。

在前面的章节，我们已经初步了解了志愿服务的基础知识。本章节将会介绍作为一名中学生，如何参与志愿服务，如何策划和实施志愿服务；以及志愿者的权利、义务与激励表彰。

①民政部：注册志愿者超2亿人 较2012年增长近10倍. http://m.news.cctv.com/2021/09/17/ARTIuh6mXgtkGcGvp0xQAv2H210917.shtml.

第一节

如何参与志愿服务

一 登记注册成为志愿者

只要社会和公众有需要，每个人都可以根据自己的实际情况，选择合适的志愿服务组织或团队，登记注册成为一名志愿者，为有需要的人，为社会、社区的各个方面，提供力所能及的服务和帮助。登记注册成为一名志愿者，可以在志愿服务中找到组织归属，接受相关的培训学习，得到专业的指导和帮助，在志愿服务中收获知识、体验和成长。

根据《中国注册志愿者管理办法》规定，未满十八周岁的在校学生可以申请注册成为志愿者，并按所在学校有关规定办理。目前，大部分学校都成立了志愿服务队伍，中学生可以优先选择校内登记注册。如果校内暂时还没有成立志愿服务队伍，也可以在校外注册。

在“互联网+志愿服务”发展的趋势下，当前对志愿服务相关数据已实现信息化管理，只要在相关管理部门指定的志愿服务平台上进行注册，志愿者的身份就会得到官方确认，获得注册志愿者证。通过平台可以了解各类志愿服务信息，参与自己感兴趣的服务项目，还可以将个人的服务记录上传到平台系统中，积累服务时数。无论是选择校内注册还是校外注册，都可以同步完成网络平台注册程序，建立个人的志愿服务档案数据。广东省较早建立的志愿服务信息平台是“i志愿”平台，也是当前省内使用最广泛的平台之一。

（一）校内注册

学校的志愿服务工作一般由所在学校的团委负责。学生想成为一名注册志愿者，一般向校团委递交申请进行登记，然后由校团委提供给学生一份“志愿者的注册指引”。例如，揭阳市某中学，学生申请注册志愿者的流程如下：

第一步，向所在学校团委递交“注册志愿者”申请进行登记，并加入学校的“××志愿服务队”；

第二步，通过微信选择“添加朋友”，点击“公众号”，然后输入“i志愿”，点击“关注公众号”；

第三步，点击“志愿者”，选择“志愿服务”的“用户注册”，然后点击“个人注册”；

第四步，根据提示填写个人相关资料，账号一般为身份号码或手机号码，完成志愿者个人账号注册；

第五步，填写完善全部资料，切记请勿中途退出。点击“请选择证件类型”选择相应的证件，在点击“请至少选择一个组织/团体”后将出现搜索框，输入“揭阳市××中学志愿服务队”，点击“搜索”，选中该组织后点击“确定”。如不办理系统上的“注册志愿者证”，最后则点击“确定”即可。

在校学生想成为一名注册志愿者，需要先进行校内登记，再登陆“i志愿”平台（微信公众号或网页均可）注册。

课外小知识

i志愿线上申请渠道

①i志愿网站、i志愿公众号；

②微信—服务—城市服务—便民服务—民政公益—志愿者服务；

③支付宝—市民中心—公益志愿—志愿服务。

线上注册操作流程

PC端

1．登录i志愿网站：www.izyz.org或http://www.gdzyz.cn/，点击“注册”

2．在跳转页面中选择“个人注册”

3．进入用户注册页面，输入手机号码、密码、昵称等信息完成一号通账号注册

4．注册成功后，根据提示点击继续完善志愿者资料，完成账号注册

手机端

1．进入首页，点击“志愿活动”，选择“用户注册”和“个人注册”

2．进入志愿者个人注册页面，输入用户名、密码等信息完成账号注册

3．注册成功后，根据提示继续完善志愿者资料，完成志愿者账号注册

报名参加志愿服务操作流程

1．进入首页，点击“做志愿”

2．选择活动，进入活动详情页，点击“我要报名”，确认报名

3．完成活动报名需等待活动发布方管理员审核录用，录用结果将以短信或公众号消息或站内信息形式通知

（二）校外注册

在校内注册及参加志愿服务是首选，如果学校的志愿服务还没有开展起来，也可以在校外申请加入经合法程序注册或备案的志愿服务组织或团体，成为一名志愿者。如当地的团组织（市、县、乡等）或已接受团组织授权的志愿者组织，相关社会组织依程序注册的志愿服务队，街道、乡镇、村居等发起组建的志愿服务团体等，均可作为志愿者注册机构。学生可以根据居住地、服务内容等选择加入适合自己参加的志愿服务组织。若不了解自己所在区域有哪些服务组织，或经过努力后仍联系不上相应的服务队，可拨打热线电话“12355”（广东12355青少年服务热线）寻求帮助。

例如，中学生加入广州启智服务队申请注册志愿者的流程如下：

①添加广州启智服务队企业微信好友，接收相关信息。

②填写个人信息等资料预登记。

③等候邮件、短信、微信等通知参加培训会。

④参加培训后现场领取志愿者会员证件，即可成为一名广州启智服务队注册志愿者。

成为一名注册志愿者后，肯定跃跃欲试，希望可以尽快参与志愿服务。但是，为了更好地向服务对象献爱心，提供优质的志愿服务，在开展具体的志愿服务前，建议做到以下“三个了解”。

第一，了解服务组织情况。要了解自己加入了一个怎样的组织，什么时候成立的，主要服务谁，是怎么提供服务的，它对志愿者有怎样的要求等。

第二，了解服务对象情况。要了解自己接下来要服务的对象是谁，他们的处境是怎样的，在哪些方面需要志愿者的帮助，在帮助他们的过程中，应该注意哪些细节，目前志愿者是怎样为他们提供服务的。

第三，了解服务要求和注意事项。要了解开展志愿服务需要遵守的规章制度，在服务过程中什么能做、什么不能做，以及可能会遇到的困难和挑战。

知己知彼，才能把服务做得更好。一般可以通过网络查找、与志愿者前辈交流、查阅志愿服务组织的相关宣传资料等来寻找以上问题的答案。但万一找不到相关信息，也不要着急，可以通过各类的学习、培训、交流活动来充实自己。大部分的志愿服务组织或相关的志愿服务管理机构会定期举办志愿者培训、交流活动，帮助志愿者掌握更多志愿服务的知识、技巧，使他们更好地开展服务。

二　选择适合自己的志愿服务

志愿服务是中学生了解社会发展、参与社会实践的重要方法。随着志愿服务的广泛开展，越来越多中学生甚至小学生都积极主动参与其中。但现实情况是，由于时间、能力、安全等因素，并非所有类型的志愿服务都适合中学生参加。那么，我们该如何选择适合自己参与的志愿服务呢?

一是从兴趣出发。兴趣是最好的老师，兴趣是人内心深处最朴素的想法，从兴趣出发选择喜欢的志愿活动，才能做一名快乐的志愿者，身心愉悦，享受做志愿服务的过程。如果喜欢历史文化，可以报名参加博物馆、图书馆或相关文化展馆的志愿服务活动，无论是讲解服务、导赏服务，还是介绍书目、整理书籍，都可以在服务中更接近自己的兴趣，更有动力做好服务。

二是从能力特长出发。志愿服务涉及的领域多，范围广，内容形式多样，难易程度不一。作为中学生，在选择服务项目时尽量与自己的能力、特长、性格相匹配，做到力所能及。做服务不能好高骛远，要脚踏实地，在服务他人、奉献爱心的同时发挥自己的个性优势，让自己从志愿服务中得到收获，快乐成长。如果你属于助人型人格，就比较适合绝大多数类型的志愿服务活动，尤其是直接接触服务对象，从事一线服务，而且能一直坚持做下去；如果你属于领袖型人格，可以尝试挑战成为一名志愿者领导者或者组建、管理一支志愿服务队伍。

三是从安全保障出发。按相关要求，志愿服务组织在开展服务时需要做好志愿者的安全保障工作。中学生还处在成长发展阶段，自我保护、防范风险的意识和能力还需进一步增强。在选择志愿服务时需要分析是否存在安全风险，可以与家长、老师商量并征得家长同意。

一般来说，我们鼓励中学生首选参与校内的志愿服务活动，也可以参与所居住社区、村居的服务活动，这些活动会更加安全、便捷、可行。

三 培训学习

1. 为什么要进行培训学习

一般正规的公益机构或志愿者组织，会在志愿者上岗服务前为志愿者提供一系列有针对性的培训学习。志愿者培训，尤其是针对第一次做志愿者、对志愿服务不了解、不熟悉的人来说，是非常必要的环节。志愿者通过服务前的培训学习，明白做志愿者的意义，了解志愿者的基本职责，才能在开始志愿服务时更快上手。例如，很多新手志愿者在第一次接触志愿服务之前，会先入为主地凭感觉认为志愿服务就是单纯地学雷锋、做好事，对他人献爱心，对他人施以同情心、怜悯心，是一种单向付出的行为。但实际上，青少年参与志愿服务的过程也是青少年与社会双向互动的社会化过程。

2. 培训的形式

就培训的类型而言，志愿者培训可以分为通用培训、专业培训和岗位培训三类。

通用培训的主要内容是介绍志愿者定义、志愿者精神，志愿者应具备哪些基本素质，志愿者的礼仪规范，志愿者的权利义务、团建活动、突发状况应对等。

专业培训的主要内容是根据某个志愿服务领域的具体要求，培训志愿者相关的专业知识和技能。

岗位培训的主要内容是介绍该志愿者岗位的职责、任务、工作流程、团队管理等方面，主要由志愿服务团队的负责人来组织实施。

就培训的途径而言，志愿者培训可以通过线上培训和线下培训这两种方式完成。例如，活动安排、服务技巧及注意事项等文字性内容可以通过线上培训完成。线下培训主要让志愿者回顾培训的内容，进行具体的分工安排，以及进行志愿者团建活动，快速地让团队成员建立感情，增强志愿者对团队的归属感，增进成员间的关系与默契，培养团队凝聚力。

3. 培训的阶段

一般来说，志愿者在参与服务之前，其所在的志愿服务团队会负责组织志愿者实施相关的培训。志愿服务培训一般围绕志愿者的专业能力和实践能力的培养分两个阶段进行开展。

专业能力包括志愿服务基础知识、服务技巧、礼仪规范、权利义务、注意事项等。一般邀请该领域的专家、资深志愿者进行讲授。

实践能力一般着重提升志愿者实际操作能力，集中在岗位职责、任务、工作流程、服务要点等方面。一般由某个具体岗位的志愿者进行示范讲解，让接受培训的人员对该岗位有更直观的认识和理解。

案例

佛山市南海区桂城街道青少年志愿导赏员培训

活动目标：组织志愿导赏员们开展系列课程，从专业能力和实践示范两方面进行授课，提升导赏员的导赏水平，让青少年导赏员在培训后能够更好地发挥志愿导赏员的力量，助力桂城街道“博物馆之城”建设工作。其中专业能力课和实践示范课安排如下：

（1）专业能力课

基础课：讲授桂城街道基本志愿服务知识；展示桂城志愿服务现状，增强志愿者意识。

礼仪课：志愿服务礼仪讲解；志愿者注意事项；志愿服务文明用语。

技巧课：导赏讲解稿写作技巧；导赏讲解技巧；讲解与口才。

（2）实践示范课

邀请佛山市南海区桂城街道文化站的志愿讲解员进行导赏示范，提升志愿导赏员对相关知识、场馆、导赏服务的理解，掌握要点。

桂城街道青少年志愿导赏员集中参与专业能力课培训，学习导赏志愿服务的基础知识

桂城街道青少年志愿导赏员参与实践示范课培训，现场演练如何开展导赏服务

四 时间管理

中学生参与志愿服务容易碰到一个问题：怎样处理好学业和服务之间关系，其实质就是时间管理的问题。中学阶段的课业在逐步加重，课余的时间变得有限而宝贵。需要考虑怎样合理安排时间，既不影响学业，同时又能满足做志愿者的需求。

首先，要突出主次，合理规划时间。中学阶段是学习生涯的重要阶段，学生的基本任务是要完成知识学习，为个人素质发展和综合成长奠定坚实基础。要学会合理规划和安排时间，在完成学业任务的基础上，安排服务实践活动，做到劳逸结合，综合发展。

其次，提高学习效率，以服务实践促进学习提升。学习的形式多种多样，志愿服务能够让我们在实践中认识自我、认识社会、体验生活，是学习的另一种形式。在服务中我们可以带着学习的视角去观察、发现和总结，并将这些经验与课堂学习相结合，实现服务实践经验向学习的转化，提升学习效率。

学习与服务冲突时，要先保障学习任务的完成，将志愿服务的时间更多地安排在双休日和寒暑假，考试前暂停志愿服务。还可以利用去做服务路上的碎片时间背英语单词，将志愿服务的经验转化为作文素材，参与一些外语讲解类的志愿服务锻炼英语口语表达，参与博物馆的讲解服务增进对史实资料的理解等。这样既能保证服务时全情投入，感受作为一名志愿者的快乐，又能做到劳逸结合，缓解紧张学习带来的压力，释放负面情绪。

小工具

番茄钟工作法

（1）工具优势

番茄钟原本是一个厨房定时小工具，现在广泛应用在时间管理方面，是可以提高我们学习或工作效率的一个好用的小工具。其好处在于可以帮你记录每天的任务数量，评估以及提高自己的专注能力。

（2）工具使用说明

列出你的活动清单和每日待办事项。将你每天工作时间或每个工作任务划分为多个番茄时间。一个番茄时间包含25分钟的工作学习和5分钟的休息时间。

在每个番茄时间里，尽量保持高度专注，不被打断。完成一个工作任务，划掉一个。

（3）补充说明

30分钟的番茄时间只是一个举例，我们可以根据实际情况进行调整。但不建议频繁更改，建议在实践两周后摸索出适合自己的工作时间周期，定下来之后严格执行。

对我们每个人来说，最公平的就是时间，一天24小时，每个人都一样。但是，一个优秀的人往往能够充分利用这24小时，创造出24+小时的效益。这不仅是因为他拥有一颗聪明的大脑，而且能够高度自律，懂得如何有效管理自己的时间。

第二节

如何策划和实施志愿服务

对中学生而言，策划志愿服务虽然有一定的难度，但也不是不可能。我们可以将参与过的志愿服务实践作为基础，通过学习策划服务的方法技巧，并寻求如老师、资深志愿者、社工等多方的支持，来实现志愿服务策划“零”的突破。

一 志愿服务活动和志愿服务项目

志愿服务的策划可以分为志愿服务活动策划和志愿服务项目策划，两者既有关联，又有差异。根据民政部慈善事业促进和社会工作司发布的《志愿服务基本术语》（MZ/T 148—2020），志愿服务活动是指志愿者、志愿服务组织和其他组织开展或参与的志愿服务行为。志愿服务项目是指在一定的周期内，面向特定服务对象或领域开展的，具有明确的服务目标、服务时间、服务内容和服务保障的志愿服务活动。志愿服务项目可以涵盖多次指向同一目标的志愿服务活动。简而言之，志愿服务活动大多是一次性的行动，而志愿服务项目是多个相关联的志愿服务活动的总和，是在一个时间段内完成的行动。

如佛山市高明纪念中学开展的“拾天计划”校园垃圾分类志愿服务项目，就涵盖了废纸回收志愿服务活动、垃圾分类宣传活动、垃圾分类宣传作品大赛、环保作品创意大赛、社区探访慰问志愿服务等形式多元、内容丰富的活动。而这些活动都是围绕如何更好地实现校园垃圾分类、变废为宝，提升师生环境保护意识，建设绿色生态校园这一目标来策划和实施的。

二　策划志愿服务的步骤

志愿服务的策划是一个发现问题、分析问题、明确目标、提出解决办法的过程。无论是希望策划一次志愿服务活动，还是策划一个志愿服务项目，它的基本步骤是相同的，主要包含了界定问题和需求、确定目标、制定行动计划三个必要步骤。

（一）界定问题和需求

这是策划志愿服务的起点，用以明确行动的领域和方向。我们可以尝试通过回答以下三个问题来完成这一阶段的任务。

1. 我们要服务谁?

我们要服务的对象，既可以是某一特定的群体，如社区孤寡老人、福利院的孩子们、乡村留守儿童，也可以是学校、社区或社会上存在的公共问题，如垃圾分类问题、小区文明养宠问题、共享单车无序摆放问题等。

确定服务对象最好是结合就近原则，在此基础上考虑谁更需要得到服务，或者哪个问题应该得到优先的解决，也就是考虑问题的迫切性。

2. 他们现在面临的问题或困难是什么?

一旦确定了服务对象或聚焦的公共问题，我们就要对此展开调查和分析，去了解服务对象的具体困难或问题是什么，这些困难或问题集中出现在什么时间、什么地方，对服务对象的生活生存、对社会的有序发展产生什么影响。

对于服务对象面临的困难或问题的分析，要具体而清晰，不能太模糊。假设我们发现校园中存在乱丢垃圾、环境不整洁的问题，就要具体地了解校园中哪些地方容易出现乱丢垃圾的问题；这些垃圾主要是哪些类型的垃圾；什么时间段最容易出现乱丢垃圾的行为；什么时间段出现的垃圾数量最多；乱丢垃圾的主要是哪些同学等。同时，还要提出乱丢垃圾这一现象对同学、老师和学校造成了什么影响。

3. 出现这些问题或困难的原因是什么?

接下来，还要在调查中分析出现问题或困难的原因是什么，既可以从人的角度去分析，也可以从环境的角度去分析。也就是分析问题时视角要系统全面，不能只从一个角度看问题找原因。如当我们发现学校操场边总是在一些班级上完体育课后就出现空饮料瓶等垃圾时，就可以从同学们的环境保护意识、丢弃垃圾的习惯来展开调查，同时可以从操场边垃圾桶设置的合理性、垃圾清洁的时段、环境卫生巡查频率等多方面了解出现这一问题的原因，避免对问题进行简单归因。

当我们能够清晰回答以上三个问题时，就能够清晰界定问题，进而分析服务需求是什么，即当前服务对象所出现的这些困难或问题，反映出他们是在生理、心理、社会等哪些方面因得不到满足进而产生的。这些缺乏了的东西，就是服务需求。当我们能够通过志愿服务使服务对象的这些需求得到满足，问题也就能够得到解决了。

课外小知识

社会调查

当我们确定了服务意向和服务领域后，就可以开始着手进行调查工作。做好调查工作，一方面有利于我们更好地了解服务对象；另一方面可以在做方案之前掌握更多有价值的信息，使计划更周全，更贴近服务对象的需求。

调查的内容一般包括调查对象、调查范围、调查目的、调查关键信息、调查注意事项等。调查工作通常可以通过两种方式进行，一种以问卷为主对信息进行收集，即围绕特定主题设计一份问卷，通过受访人对问卷的填写，来协助我们更好地了解问题的现状、原因以及它所产生的影响。问卷的优点是便于批量信息的收集。另一种以访谈观察为主，访谈即围绕特定主题邀请相关人员进行交流，一般需要提前设定访谈的提纲，以便使访谈的方向聚焦在我们所需要的信息上。观察则是我们定时、定点对相关群体的行为或特征现象进行研究，记录问题出现的时间、频率、具体表现等。我们可以运用一种或综合多种方法来对问题进行调查研究。

（二）确定目标

界定问题，分析原因和需求后，第二步是要确定志愿服务的目标。目标是通过开展服务活动后期望达到的效果，也就是对服务对象带来的改变和影响。可以是对人的改变和影响，如知识的获取、意识的增强、技能技巧的提升、行为方式的改变等；也可以是对环境的改变和影响，如环境变得整洁卫生、行人文明有序过马路、垃圾分类政策有效实施、河水变得更加清澈等。确定服务目标可以参考以下原则。

（1）目标的确定要回应服务对象的需求。目标是与服务对象的需求紧密结合在一起的，目标的订立就是为了回应服务对象的需求，解决他们面临的困难和问题。如果目标与服务对象的需求不一致，则会影响我们服务的有效性。

（2）目标可能有多个，我们要按轻重缓急进行排序。一些服务对象或公共问题背后的原因多且复杂，对应的需求也多，我们可以根据需求的重要性、紧迫性等来安排优先次序。

（3）目标的确定要具体可行。容易出现的问题是把目标设置得过大、过高，使得项目服务难以聚焦问题和需求，在项目周期内无法达到预期的效果。

课外小知识

SMART原则

确定目标时，可以借助SMART原则来使目标的设定更加科学有效。SMART实际上是5个英语单词首字母的结合，每一个英语字母对应一个在确定目标时应该遵循的原则。

Specific：具体的，这指的是目标的明确性，要求我们要用具体的语言清晰描述所要达成的服务效果。

Measurable：可量化的，这指的是目标的可测量性，目标是否达成，是可以依据特定的指标和数据来测量的。

Attainable：可实现的，这指的是目标的可行性，团队可以通过对应的行动和服务来实现目标。

Relevant：有关联的，这指的是多个分目标之间的关联性，即服务目标有多个时，它们之间是相互关联、指向同一个大的目标的实现的。

Time-bound：有时限的，这指的是目标的周期性，目标的完成应该是在约定的时间内实现的。

（三）制订行动计划

确定志愿服务目标后，就需要考虑用什么策略和行动来达成目标，也就是制订行动计划。行动计划的制订是一个综合性的考虑，它不仅涉及我们要具体采取什么行动措施，还涵盖这些行动所需花费的时间、人力、物力、财力、技术要求等各方条件，是服务目标与现实情况相结合后转化而成的服务行动。

（1）行动计划要与服务目标保持一致。我们开展什么志愿服务，取决于这些服务能否解决服务对象的问题，实现我们在上一阶段订立的服务目标。在考虑具体计划时，可以从主观和客观两方面来考虑。

如针对社区空巢长者的关爱服务，我们既可以开展上门的探访慰问，陪伴长者读报聊天，帮助体弱的长者开展家居清洁；也可以在社区开展敬老宣传活动，带动更多同学、社区居民共同关心及关爱长者，如在传统节日举办庆祝、纪念活动，为长者整理生命故事回忆录，有条件的也可以开展长者居住环境整改服务、社区为老服务设施改造行动等。

（2）行动计划要与志愿者队伍的服务能力、资源条件相匹配。“条条大路通罗马”，解决一个问题的方法可能有多种，在考虑目标达成度的基础上，要充分考虑哪种方法更适合我们。因此，我们制订的行动计划要适合中学生志愿者参与，还要考虑时间、所需费用、资源渠道等方面的因素。因此，行动计划不仅是确定做什么和怎么做，还需要确定所需的志愿者人数、人员分工、经费预算、宣传方案以及应急预案。

（3）行动计划要有利于促进中学生志愿者的广泛参与和成长发展。志愿服务既能帮助服务对象解决问题，也对志愿者有积极的影响。因此，在策划志愿服务时，我们要多考虑怎样可以吸引更多的同学来参加，同学们通过参与志愿服务，在哪些方面能够有进步，如学习到了新的知识，锻炼了表达能力、沟通协调能力，强化了团队协作精神等。

（4）行动计划可以寻求多方合作。当前，开展志愿服务的团体和组织越来越多，各类机构、单位相关工作的开展也非常欢迎志愿者的参与。当我们在策划服务、寻求资源、寻找技术支持时，不妨考虑与相关的组织或机构合作，使我们的服务能够更顺利地开展，取得更大的成效。

下面我们来看看佛山市高明纪念中学的志愿者们在策划和实施“环保时装秀”时的故事吧。

我们学校2020年9月开始开展“拾天计划——校园垃圾分类志愿服务项目”。现在已经能够做到每周一次常态化开展班级废品回收利用，同学们逐步形成了节约用纸的好习惯，垃圾分类方面也越做越好。

在活动开展的前期，我们发现个别班级对垃圾分类回收不太重视，例如不按时拿垃圾桶到指定地点进行回收，将零散的废纸直接丢到普通垃圾桶等。怎样才能进一步宣传垃圾分类，让同学们都积极参与“拾天计划”呢？

我们迅速聚在一起进行商讨，最后一致认为，可以借助学校元旦晚会呈现一个环保节目——时装秀，让志愿者们利用废纸、废塑料等废品制作环保服饰，宣传环保理念，号召大家参与我们的志愿服务。当我们将这个

高明纪念中学志愿者们在创作环保服饰

想法汇报给老师时，老师非常肯定我们的计划和创意。老师建议我们先形成一个节目方案，做好分工安排。

方案定好后，便开始了行动，由于缺乏经验，前期分工不明确，工作效率较低。经过调整，分工逐渐明确，A队负责寻找模特，训练走姿等；B队负责招收设计师，制作衣服、饰品等；C队负责撰写合适的旁白。

穿上环保时装的志愿者模特们

在创作环保衣服的时候，我们发现，没有设计和制作服装功底的我们，单纯利用废品制作一件完整的衣服非常困难，时间不充裕，成品不够美观，不能很好地体现环保理念等。经与老师商量，我们就在一些简单的废旧衣服的基础上，用废品设计一些装饰品点缀，呈现出一件艺术作品的效果。

在全体志愿者的努力下，我们最终完成了10余件可循环使用的环保衣服的制作。在舞蹈老师的指导下，环保时装秀的舞台效果与旁白完美配合，节目向全校同学传递垃圾分类、生态环保的理念，让“拾天计划”更加深入人心。这次节目后，同学们参与垃圾分类的积极性越来越高，自觉性也越来越强。

三 撰写志愿服务计划书

我们策划的志愿服务，最终要形成文字表述，以志愿服务计划书的方式来呈现。志愿服务计划书又称服务方案，是正式开展服务、执行服务之前的指导性文件。撰写计划书是进一步厘清服务思路、持续完善志愿服务行动的过程。一份好的计划书能够协助志愿服务团队更好地达成共识，指导服务顺利实施；

也能够为日后的服务优化、经验传播奠定基础。

一般来说，志愿服务计划书需要涵盖的基本内容包括基本信息、实施方案、保障措施和应急方案。下面提供一份方案模版供大家参考。

××志愿服务计划书

主要框架	具体内容及要求
活动名称	主题突出，吸引眼球
实施团队	包括志愿服务团队、赞助商、出席活动各部门等
活动背景	包括活动的出发点、缘由，要描述活动涉及的服务对象或公共问题的现状和成因，提出问题的迫切性和严重性，同时讲明本次服务活动的重要性和价值所在
活动目标	阐明活动的对象，提出具体目标，活动要达到什么效果，遵循SMART原则（具体的、可量化的、可实现的、有关联的、有时限的）
活动内容	包括活动内容简介，前期安排，工作进度，活动当天时间、地点、对象、方式、流程、具体环节等
人员分工	分为前期执行人员及分工、现场执行人员及分工、机动人员等
宣传与招募	可通过线上（QQ/微信/公众号），线下（校园广播/宣传栏/居委社区公告栏/传单等）
经费预算	活动的各项费用，用表格列出明细
应急方案	包括预计困难和应对措施

四 实施志愿服务计划

当志愿服务计划获得通过后，我们就可以按计划实施服务活动。这里涉及两个问题，一是如何执行设计好的服务；二是在具体执行服务过程中要注意哪些问题。

1. 服务过程

第一，发布招募信息。计划书确定后，应及时发布招募志愿者的信息，明确志愿服务所需的条件和要求，吸纳有兴趣的人报名参加。为有意愿、能胜任志愿服务的志愿者进行登记、注册或建档。

第二，组织培训。坚持培训与服务并重的原则，可以通过团建、岗前培训等方式，对志愿者进行相关知识和技能培训。重视对志愿者骨干的培养。

第三，开展服务。合理安排服务时间和服务任务，实现志愿者、服务对象和活动项目的有效衔接。围绕活动主题有针对性地开展服务。

第四，做好活动记录。志愿服务活动结束后，要及时对活动服务情况与志愿者表现进行记录。

第五，总结宣传。志愿服务活动结束后，我们应根据活动过程中的文字记录和拍摄影像，对活动进行总结，反思活动存在的不足，总结经验教训。及时将文字记录和拍摄影像转化为宣传文章，向公众传播。

2. 注意事项

在开展服务的过程中，有些细节我们需要提前知晓，在服务时多加留心，这样可以保障我们的服务活动顺利实施。

第一，活动要有具体分工（责任制），专人专职，有完成任务的时间节点。

第二，有物资清单，且交给专人负责管理。

第三，活动场地要提前踩点，且预留足够时间布置场地、调试设备，做好场地指引。

第四，做好活动记录，包括文字、影像，活动结束后做好总结、编写新闻稿等。

第五，做好应急预案，应对突发状况。

第三节

志愿者的权利、义务与激励表彰

一 志愿者的权利义务

青少年作为一名社会成员，有权利和义务参与到社会活动中，在服务他人、服务社会的同时，价值观得以塑造，身心得到发展，心灵得到满足，综合素质得到提升。青少年参与志愿服务的行为，可以让他们意识到在成长过程中可以扮演多重角色，既可以在学校做一名好学生，也可以在社会做一名志愿者。

我们知道，权利和义务往往是对等的，每一种角色身份代表着将享有该角色相应的权利，而每一项权利则意味着要承担相应的义务和责任。青少年体验志愿者的过程，也是享有他们作为一名志愿者权利的过程，以及经历如何承担责任的过程。做志愿者是需要付出一定的时间、精力、脑力和体力的，青少年主动参与志愿服务，可以证明他们是一个完全有权利作出选择并付出实际行动的独立个体。这充分体现了青少年作为一名社会成员，通过“助人”过程，帮助他人，也帮助自己从“自然人”顺利过渡到“社会人”，完成社会化的任务。

那么，作为一名志愿者，我们可以享有哪些基本的权利和义务呢？

为了保障志愿者的合法权益不受侵害，2017年国家出台的《志愿服务条例》第十四条，鼓励志愿者与志愿组织通过签署《志愿者服务协议》来规范和明确双方的权利义务。结合《志愿服务条例》《广东省志愿服务条例》《中国注册志愿者管理办法》等相关法规规定，志愿者拥有以下权利：

（一）自愿加入或者退出志愿者组织；

（二）参加志愿者组织的活动，包括相关的教育、培训；

（三）获得参加志愿服务的必要条件和安全保障；

（四）要求志愿者组织帮助解决志愿服务过程中遇到的困难；

（五）对志愿者组织的工作提出意见、建议与监督；

（六）自身遇到困难时优先享有志愿服务；

（七）可申请取消注册志愿者身份；

（八）法律、法规、政策所规定的其他权利。

为了加深对以上条例的理解，我们来举个例子，如第三条“获得参加志愿服务的必要条件和安全保障”的意思是，志愿者在参加志愿服务的同时，一定要了解志愿服务相关政策法规，知道一些关于保障志愿者合法权益的规定，提升安全保障意识，在服务他人的同时学会保护自己。

其中一个安全保障措施是志愿者要购买保险。尤其是志愿者参与可能发生人身危险的服务活动前，应当向团队负责人咨询是否已购买相应的保险。若志愿服务组织不给志愿者购买保险则属于违法行为，志愿者有权向有关部门投诉举报。

课外小知识

各地志愿者保险保障一览

随着志愿服务事业的快速发展，志愿者队伍日益庞大，各地市均出台相应的志愿者保障机制。

广东：志愿者在“i志愿”平台注册后，需要申办广东注册志愿者证。该证由共青团广东省委、广东省文明办、广东省民政厅、广东省志愿者联合会与多所银行联合发行。发卡银行为首次办理志愿者证并激活卡片的志愿者购买当年（自激活日起一年期间）的基本保险。之后的每一年度，只要持证志愿者在上一年度参加志愿服务活动1次（含）以上，或使用志愿者证消费1次（含）以上，发卡银行便为持证志愿者购买基本保险。志愿者在开展志愿服务期间（包括志愿者开展志愿服务活动前后的必要交通时间），遭受意外伤害事故导致身故、残疾或医疗费用支出，将对应获得最高赔付额度为10万元的意外身故保险、10万元的意外残疾保险和5000元的意外医疗保障，承保范围至少覆盖全国。

北京：在“志愿北京”网站注册并通过实名认证且从事“志愿北京”网站所发布的志愿服务项目的志愿者，在提供志愿服务时以及在接受培训、复训、演练和往返途中发生意外伤害，可以获得最高150万元的意外身故、残疾保障，最高200万元的意外医疗保障。

上海：凡是年满18周岁以上的上海市注册志愿者，可参加专门为上海志愿者量身定制的“志愿者保险1+1”项目。支付1元就可获得1年最高40万元的意外伤害保障、最高2万元的意外伤害医疗费用补偿及100天的意外住院定额补偿保障。

志愿者除了享有基本的权利，还需要承担以下义务：

（一）遵守法律法规以及志愿者组织的相关规定；

（二）履行志愿服务承诺，完成志愿服务任务；

（三）不得泄露服务对象的个人信息，不得损害服务对象的合法权益；

（四）不得向服务对象索取报酬，也不得接受服务对象的馈赠；

（五）不得利用志愿者身份从事牟利活动或者违背社会公序良俗活动；

（六）维护团组织、志愿者组织和志愿者的声誉和形象；

（七）注册志愿者至少选择参加一个志愿服务活动，每年参加服务时间累计不少于20小时；

（八）依法应当承担的其他义务。

其中第四条“不得向服务对象索取报酬，也不得接受服务对象的馈赠”这句话应如何理解呢？

按照普遍公认的定义，志愿者是“在不谋求任何物质、金钱及相关利益回报的前提下，帮助有一定需要的人士，自愿进行社会公益服务的活动者”。根据这个解释，志愿者在付出劳动力之后，不应该向服务对象索要酬劳。

那么，服务对象接受志愿者的帮助后，想向志愿者表达他/她的感谢，赠送志愿者礼物以表谢意，这个行为，志愿者可不可以接受呢？

案例

不能接受的“钥匙”——把握好志愿者的边界

在现实生活中，志愿者和服务对象结下深厚情谊，如亲人一样来往的情况不少见。有的志愿者就收到过服务对象的“爱心礼物”，比如亲手做的蛋糕、手绳等。“爱心礼物”虽然不贵重，却代表服务对象的一片心意。可是，也有一些“礼物”却让人接受起来有些为难，比如服务对象的住宅钥匙。

青少年志愿者小何是一个社区居家养老服务的志愿者，经常为社区的长者送餐、送药。小何坚持做志愿服务已经3年有余，社区里的长者几乎都认识她，并夸她人长得好、心地善良，对小何十分信赖。

有一天，住3栋301房的长者乔奶奶因下楼散步，让前来送餐的小何在门口等了很久。乔奶奶觉得很愧疚，就想了一个办法，想把家里钥匙给小何，以后上门时小何可以直接开门进去，把东西放下，这样方便很多。

小何听了之后，内心很感动，但是她向乔奶奶表示她不能接受这个钥匙。小何认为，老人家给她房门钥匙，其实是想表达对她的充分信任，但站在志愿者的角度，我们要更加清醒地认识到这个做法是不妥当的，应该在不伤害老人感情的基础上委婉拒绝，同时也是在保护他们的安全。

复旦大学社工系的一名老师强调：“志愿者不仅要把好事做好，还要明确志愿服务的边界。”

二　志愿者的激励与表彰

每个人都需要被激励，都希望别人对他有一个积极的评价。激励是心理学的一个常用术语，激励对人的行为有重要的正向刺激作用。我们一般可以通过物质或精神的奖励或刺激，激发个体内在驱动力，使之朝着希望达成的目标努力。因此，对志愿者进行有效的激励是非常有必要的，可以通过公开表彰等正向评价的方式加强志愿者的自我肯定，激励志愿者在以后的志愿服务中做得更好。

《中国注册志愿者管理办法》中关于“激励和表彰”的规定如下：

（一）团组织、志愿者组织应完善志愿者评价机制，组织实施星级认证制度，评选表彰和奖章授予制度等；

（二）星级认证制度由省级团委、志愿者协会组织实施，注册机构负责具体认证工作，根据志愿者注册后参加志愿服务的时间累计，认定其为一至五星志愿者。志愿服务时间累计达到100小时的，认定为“一星志愿者”；累计达到300小时的，认定为“二星志愿者”；累计达到600小时的，认定为“三星志愿者”；累计达到1000小时的，认定为“四星志愿者”；累计达到1500小时的，认定为“五星志愿者”；

（三）共青团中央、中国青年志愿者协会定期组织开展中国青年志愿者优秀个人奖、组织奖、项目奖评选表彰活动。

《广东省志愿服务条例》的相关规定如下：

（一）志愿者组织应当建立注册制度、志愿服务时间累计和绩效评价制度，并建立志愿服务档案；

（二）鼓励国家机关、社会团体、企业事业单位和其他组织招聘人员以及学校招收学生时，在同等条件下优先录用、录取优秀志愿者；

（三）本省设立省志愿者事业发展基金会，资金主要用于资助志愿者培训、志愿者表彰和志愿者权益保障等。

案例

学校志愿者表彰

12月5日是国际志愿者日。为大力弘扬“奉献、友爱、互助、进步”的志愿精神，积极培育和践行社会主义核心价值观，充分发挥志愿服务先进典型的示范激励作用，引导全校中学生积极参与志愿服务活动，L市××中学举办了2021年优秀志愿服务典型表彰大会。表彰大会现场为获奖的个人和集体进行了颁奖。

这一年来，××中学的学生志愿服务涌现了一批优秀志愿者典型人物和事迹。其中小美同学在这一年的“交通文明平安行”志愿服务中深有感触，她认为自从做了文明交通劝导员，不仅收获了服务他人的喜悦，更是对交通规则有了更进一步的认识，认为城市文明出行不仅要靠大家自觉，更要有规则意识。表彰大会现场，校长和校团委书记分别给16名优秀志愿者颁发了证书，给8个优秀志愿服务队授予了旗帜。

“美德好少年”评选

为认真贯彻落实中共中央、国务院《关于进一步加强和改进未成年人思想道德建设的若干意见》精神，广泛发掘未成年人中的先进典型，评选表彰身边的典型，鼓励更多的未成年人增强道德意识，引导未成年人在广泛参与中自我教育、自我提高，培养富有理想、品德高尚、充满活力和创造力的新一代少年儿童。H市培正中学开展了“十佳美德好少年”评选活动。

王晓同学是初一（2）班的学习委员，平时助人为乐、勤学善思，热爱集体活动，多次为同学排忧解难。他尤其热心公益，积极参与各类志愿活动，这次被评为“十佳美德好少年”。

林阳同学是初二（3）班的团支书，他关心同学、热爱劳动、乐于助人，每天总是把教室打扫得一尘不染。平时积极参与家庭劳动，还经常帮助邻里。他还热心参与公益活动，如参加了“共创美好家园”志愿者护河活动、爱心义卖活动等。这次也被评为了“十佳美德好少年”。

汤游同学是高一（1）班的一名普通同学。他语文成绩特别好，关心同学、尊敬师长、懂得感恩，是一位助人为乐、热心公益、志愿奉献的爱心少年。自加入学校志愿服务队以来，连续三年积极参与慰问老人院孤寡老人的探访活动，在社区跳蚤市场进行义卖活动为山区贫困儿童热心筹款。他在爱心公益、志愿服务的道路上播撒快乐，在责任和担当中茁壮成长，用志愿和奉献诠释了新时代的少年精神。

第五章

志愿服务素养与技巧

成为志愿者可以让同学们充实课余生活、增长才干、收获好的人生体验，志愿者具备好的素养才能服务他人、服务社会、成就自我。开展志愿服务时，当我们遇到困难时应该怎样克服？当我们面对长者、残障人士等有特殊需要的人群时，需要关注什么？本章主要介绍优秀志愿者所具备的素养、开展志愿服务的礼仪要求和基本的服务技巧。

第一节

志愿者的基本素养

素养是指一个人的修养，伴随着个人成长，通过学习和实践不断丰富积累。素养包括了道德品质、身心素质、知识水平与能力等各个方面，爱心、耐心、责任心都是素养的表现。一个志愿者具备好的素养，才能传扬真善美，倡导道德新风尚，引导社会行为，提升社会和谐，在助人的过程中，才能服务他人、服务社会、成就自我。那么志愿者的素养包括哪些方面呢?

一 尊重包容

首先，服务对象接受帮助并不是受到“施舍”，志愿者需要端正态度，尊重服务对象，避免用居高临下的态度去“拯救”别人，尤其要注意尊重服务对象的隐私，在未经别人允许的情况下，不可随意透露服务对象的个人隐私。其次，同一件事不同的人的理解和判断有所差异，例如对于“什么是成功”，有的人认为考上名牌大学是成功，有的人认为赚很多钱是成功，有的人认为家庭幸福是成功，还有的人认为帮助别人是成功。不同的人有不同的价值取向，对于和自己拥有不同的观点和想法的人，志愿者无论是在帮助别人时，还是和团队合作时，都需要意识到千人千面，接纳和包容不同观点，尊重价值观的多元，多换位思考。

案例点评

小晶第一次去福利院探访孤儿，福利院里有许多因为先天残疾而被遗弃的孩子。其中有一名脑瘫的小朋友很喜欢小晶，主动过来牵小晶的手，脑瘫患儿无法顺利控制自己的身体和面部，口水不小心滴到了小晶手上。小晶觉得很脏，瞬间甩开了小朋友的手。事后小晶觉得愧疚又后悔，找到老师倾诉，老师给小晶讲述了孤儿院孩子们的情况，讲解了脑瘫患儿的特性，以及志愿服务中我们应该平等对待每一个个体，小晶深受启发，再去福利院时，主动向孩子们伸出了手。

点评：参加志愿服务前，我们要做好充分的心理准备，既需要了解服务对象的特殊性，也要懂得志愿服务过程中的伦理与礼仪。小晶第一次在福利院的举动并不合适，任何人受到这样的对待都会难过，无论服务对象是什么情况，我们都要尊重对方，平等地对待对方。

二 团结互助

我们在做志愿服务的过程中，除了有自己班级的同学，还会在不同的团体中认识不同年龄、不同学校的伙伴。这要求我们必须要注重团队精神，像对待自己的兄弟姐妹一样，以最亲近、平等的态度对待集体中的任何人。注重和团队伙伴间彼此互相帮助、取长补短，善于发现和学习别人的优点。有些同学个性比较强，在团队合作的过程中，容易和其他小伙伴产生冲突，这要求我们不仅要积极主动承担责任、表达意见，更要倾听别人的观点，勿随意打断别人的发言，处理问题时以大局为重。

三　守时守信

优秀的志愿者拥有良好的时间观念，能够合理安排自己的学习、实践与休息时间。当我们参加集体活动时，特别要注意不能迟到早退，更不能随意缺席。有事需要事先向老师或活动的组织者请假，以免耽误集体团队的工作。和服务对象约定或许诺，要充分考虑自己的实际情况和能力，避免承诺违法、违纪或无法做到的事。承诺过的事要努力做到，做一个言而有信的人！

案例点评

丽纯到敬老院做志愿者时认识了刘奶奶，刘奶奶非常喜欢丽纯，希望下周她还能来陪自己聊天，丽纯满心欢喜地答应了。而第二周周末丽纯的好朋友瑶瑶过生日，邀请丽纯一同去游乐园庆祝。丽纯和好朋友在长隆乐园开心地玩了一天，她完全忘记了和刘奶奶的约定，而刘奶奶一直在等待丽纯，没有见到她觉得很失望。丽纯事后得知此事，后悔不已。

点评：参加志愿服务前，我们要做好自己的时间管理，对于已经承诺的事情不要轻易爽约，可以利用日历、备忘录等小工具辅助自己做好时间安排。

四　终身学习

心理学家通过对各行各业的优秀人才进行研究，总结出了16项成功者的心智习惯，“终身学习”就是其中的一条。它要求我们对所接触的事物保持谦卑，勇于承认自己不知道的事物。我们在志愿服务中也要注意学习各种各样的服务技能，例如参加环保服务时，我们需要学习垃圾分类、资源循环利用等相关知识；参加长者服务时，需要了解长者的常见基础疾病、禁忌等。随着我们参与志愿服务的时间增长，会逐渐学习带领团队、项目策划等更专业的知识。同学们，保持开放的心态，在志愿服务中学习成长吧！

第二节

志愿服务的礼仪要求

"这个人好有教养哦！""这个人素质真低，没礼貌！"我们时常听见人们这样评价一个人。礼仪是一个人的文明教养和风度，文明礼仪是日常生活中形成的习惯，一句礼貌用语的背后是对别人的尊重。志愿者是社会文明的使者，良好的礼仪既能展示青年志愿者的风采，更是彰显着一个国家和地区的对外形象。我们在参加志愿服务时，只有热心和爱心是远远不够的，志愿者需要穿着打扮得体，举止言谈文明有礼，懂得自尊和尊重别人，礼貌周到地提供各种服务。我们需要学习礼仪，做被人尊重、受人欢迎的志愿者。

一 着装礼仪

在日常开展志愿服务时，应该避免穿着奇装异服，或者不符合场合要求的服装。着装应注意干净整洁，衣服的款式要尽量合身，领口开得太低、太紧身的衣服应该尽量避免，在公共场合应注意内衣不能外露，更不能外穿。还需要保证个人良好的仪容卫生，勤换衣袜，勤剪指甲，衣领、袖口要干净。头发要勤于梳洗，注意面部清洁与适当的修饰，保持身体的干净、清爽，避免在服务中出现身体异味，工作前忌吃有异味的食物。

女生的发型应该朴素美观，佩戴的发卡、发带式样应该庄重大方，避免夸张奇特的造型；如需化妆，应以浅妆、淡妆为宜，不可浓妆艳抹，并避免使用气味浓烈的化妆品。男士的发型要长短适当，不要在工作之时长发披肩或者梳起发

广东实验中学志愿者马甲

广州市执信中学志愿者马甲

辫，尽量不使用气味过大的定型水；应剃净胡须、刮齐鬓角，不留小胡子。

大型赛会及活动主办方通常会提供统一的服装，志愿者应穿着统一的服装。注意个人外观的整洁，身体没有异味。不宜佩戴过多的饰品，不要佩戴花哨和张扬个性的饰品或名贵的珠宝饰品，以免影响志愿服务。如果没有统一的服装，志愿者应选择干净整洁、颜色明亮的衣服。

二　仪态礼仪

志愿者在服务过程中，一定要正面面对服务对象，不可将背部对着对方。站立时要求身体立直，挺胸抬头收腹，不含胸驼背，下颌微收，双目平视，双手自然下垂。坐时端坐，不东倒西歪，不跷二郎腿。微笑是志愿者最具魅力的礼节，要记得面带微笑。

中山市实验中学礼仪志愿者

新兴中药学校礼仪志愿者训练照

案例点评

大学生吴怡在2010年广州亚运会上担任礼仪志愿者，在嘉宾致辞的环节，站在嘉宾后方的吴怡正好被记录在了镜头中，将近20分钟的致辞环节里，吴怡一直保持着端庄的仪态和甜美的微笑，她的敬业精神在网络上引起热议，霎时走红网络，网友亲切地称她为“微笑姐”。在参加亚运会之前，吴怡和其他礼仪志愿者一同接受辛苦的训练，她们连续40天每天穿5厘米高跟鞋站立7小时，同时全程还需要保持露出8颗牙齿微笑。“微笑姐”说，保持微笑只是志愿服务标志性的一部分，希望自己的榜样作用，可以带动身边的人、更多的人参加志愿服务。

点评：一个人的举止和风度不仅仅代表自己的形象，体现自己的教养，而且在一定的场合，个人行为还代表组织行为，个人形象代表组织形象。因此，我们每个人都是中国的名片，每个人的举止都代表中国的形象。必须养成良好习惯，提高个人修养，从小处做好。

三　接待礼仪

1. 问候礼仪

志愿者在迎接客人时，可根据客人的习惯致以问候。常见的问候方式主要有握手礼和鞠躬礼。行握手礼时应遵循尊者（如女士、长辈、上级）先伸手，要面带微笑，注视对方，并使用礼貌用语。

2. 称呼礼仪

志愿者在服务中要使用恰当的称呼礼仪，正式场合使用的称呼一般有三种情况，一是在不知道对方姓名及其他情况时可采用泛尊称，如“女士”“夫人”“先生”等；二是职业加尊称，如“司机先生”“秘书小姐”；三是姓氏加职务，如“刘老师”“王主任”等。也可根据年龄称呼对方，如“爷爷”“奶奶”“叔叔”“阿姨”“哥哥”“姐姐”等。

3. 引领礼仪

志愿者应走在客人的左斜前方，步速适中，并不时回头观察客人是否跟上。在拐弯或有楼梯台阶的地方，应用右手手掌指向正确方向，手指并拢，手心朝上，提醒客人“这边请”。如碰上有门的地方，要遵循“外开门客先入，内开门己先入”的原则。

华南师范大学附属中学志愿者
在地铁站开展志愿服务

4. 递送礼仪

在服务过程中，递送服务对象需要的物品时，应双手递送为宜，单手递送时应用右手，还要主动上前递到手中，方便对方接拿。如果是文件、书报等，应使文字正面朝向对方；递送剪刀、笔等尖锐物品时，应使尖头朝向自己；递矿泉水时应用双手，并说“您好，请用水”。递送时应注视对方，面带微笑，微微欠身，表示诚意。

案例点评

小莉今年读高二，担任新生接待的志愿者，对于一些热门的问题通常要解答几十遍甚至上百遍。比如：厕所在哪里？宿舍在哪里？在哪里买校园卡等。小莉始终面带微笑，不厌其烦地重复，耐心地解答新生及家长的问题，并配以礼貌、规范的手势有效地指引。她耐心周到的服务赢得了家长和师弟师妹们的称赞。虽然一遍遍重复相同的话语、相同的动作很枯燥、很辛苦，但一想到会给每一位听到叮嘱、问候的新生带来方便，小莉就觉得这样做值得!

点评：新生普遍感觉新鲜和紧张，同学们在接待服务中要做到大方得体、态度诚恳、热情勤快、耐心周到。并配合使用恰当的肢体语言，使服务更加规范得体。

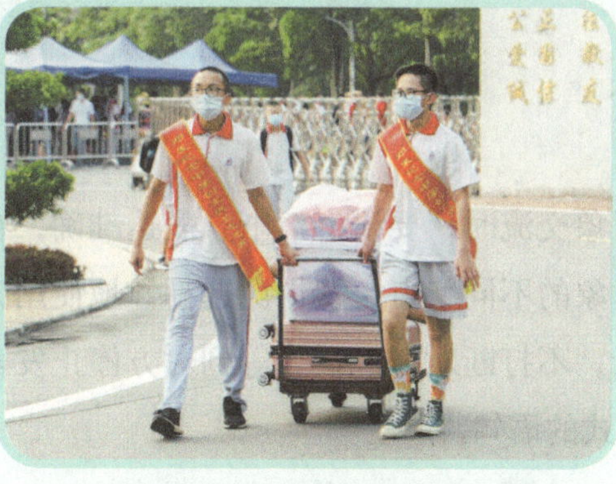

云浮市邓发纪念中学新生接待志愿者

第三节

志愿服务的技巧

一名优秀的志愿者既需要掌握志愿服务的相关技巧，包括沟通表达、协作合作、自我防护、心理调适等通用服务技巧，也需要了解服务对象的特点，针对不同人群的需求，掌握特殊的服务手段。

一 志愿服务的通用技巧

（一）沟通表达技巧

沟通是人与人之间、人与群体之间思想与感情的传递和反馈的过程，是人类社会发展的基础。在沟通中既存在着以语言为基础的语言沟通，也有依靠肢体动作、媒介进行的非语言沟通。在志愿服务的过程中，同学们要注意沟通的内容和方式。

1. 语言沟通

同学们与服务对象交流时，要语言清晰，表达准确，在交流中使用标准的普通话，根据服务对象的不同特点，视情况选择性地使用方言。在和服务对象交流时，要耐心倾听，不打断对方说话，等到对方停止发言时再发表意见。避免使用否定式或命令式的语句。

课外小知识

7个让人舒服的沟通技巧

第一，赞美行为而非个人。

第二，客气话切记恰到好处。

第三，对待称赞，说声谢谢就好。

第四，批评也可以很悦耳。

第五，建议之外解决方案更重要。

第六，讲话注意场合。

第七，避免直接反驳，多欣赏和鼓励。

志愿者在和服务对象谈话时可多用开放式提问获取更多的信息和细节，如“您今天状态怎么样？”“您的家乡有什么美食呀？”，但不能问服务对象关于隐私的问题。要善于总结对方的内容，表示已明白对方感受和说话含意。要懂得换位思考，设身处地为服务对象着想。在交流中，要恰当寻找话题，不要“尬聊”，同时要注意服务对象的年龄和知识结构，使用网络语言时要注意受众。

课外小知识

著名的马歇尔·卢森堡博士发现了一种神奇而平和的沟通方式，依照它来谈话和聆听，能使我们情意相通、乐于互助，这就是“非暴力沟通”。我们并不认为自己的谈话方式是“暴力”的，但我们的语言确实常常引发自己和他人的痛苦。

马歇尔·卢森堡博士提倡通过观察，表达感受、需要，提出具体要求等方式进行沟通交流，使人们有意识地进行谈话和倾听。其目的是建立人与人之间心的联系，提升沟通能力和共情能力。可以总结成12字秘诀：讲事实，讲感受，讲原因，提要求。

非暴力沟通四要素：

观察：如实说出你观察到的事情，观察是不带任何个人色彩的陈述，而一旦我们对某件事、某个人贴了标签，就是评价而不是观察。

感受：描述你当时的感受而不是想法，这里是有区分的。感受是高兴、生气、痛苦、失望等个人感受，而不是你的想法。

需要：直接说出你的需要，就能得到积极回应，不要说模棱两可的话。

请求：请求越具体越好，比如“我想知道你是否同意”。要注意请求与命令的区别。

示范案例：

暴力沟通：你迟到了！你总是这样，太没时间观念了！（指责）

非暴力沟通：你迟到了，我一点也不开心，因为我希望我们能抢到前面的位置，下次咱们早一点到吧！（观察+感受+需要+请求）

2. 非语言沟通

非语言沟通是相对于语言沟通而言的，是指通过肢体动作、面部表情、语气语调等方式进行信息交流和沟通的过程。美国语言学家艾伯特·梅瑞宾提出了一个著名的沟通公式：沟通的总效果＝7%语言＋38%声音＋55%表情。尤其可见声音、表情等非语言的沟通方式对沟通的影响更大。

肢体动作：交谈时，双方应保持1～1.5米的距离，切忌左顾右盼、心不在焉、看手机。如果服务对象特别忧愁烦恼时，要表现出体谅，可身体稍前倾、注视对方、耐心倾听。

面部表情：谈话时神情要专注，视线停留在对方双眼和鼻子之间的倒三角部位。不要双眼走神、东张西望、面带倦容、哈欠连天或不断打岔、插嘴。

语音语调：声音优美，咬字清晰，音量适度，语调亲切委婉、抑扬顿挫，不能平淡无情感，毫无感染力；语速要适中，避免连珠炮式地说话或慢吞吞说话。

课外小知识

志愿礼

“志愿礼”源于广州亚运会和亚残运会，是志愿者的一个专属礼节，包括问候语、面部表情、肢体动作和激励口号四部分。“志愿礼”要求志愿者在行走相遇、在岗服务、交接班、主动上前服务、集体公共窗口服务以及参加集体活动时，统一行使“志愿礼”，并要求动作要规范、利索、整齐划一，充满饱满的精神面貌。

问候语：基本问候语为“您好！”，然后根据不同场合再补充延伸，如：您好！请问需要帮助吗？

面部表情：脸上露出真诚的微笑，双眼有神地平视对方，带着自信、友善、博爱的目光。

肢体动作：志愿者行志愿礼时，双脚并立，左手自然垂放，右手做出中国青年志愿者标志形状，抬举右臂，移动右手至左胸口心脏处做伸出大拇指的手势，保持大拇指向上，右手与左胸留有半个拳头间隙。表达“我志愿，我快乐，用心服务我最棒”的动作内涵。

激励口号：“我志愿，我快乐，用心服务我最棒。”

（二）协作合作技巧

通过志愿服务，我们有机会认识不同性格、不同成长经历的新伙伴，大家组成新的集体，通过分工合作，共同去迎接挑战、解决问题，最终更好地开展志愿服务。在合作的过程中，小伙伴们可能有的时候会意见分歧，甚至产生矛盾，作为一个团队，要求我们要学会一些团体合作的小技巧。

（1）有明确的目标：团队的成员通过协商，确保目标一致。

（2）了解自己的角色和责任，知悉团队中其他成员的角色。大家需要明确团队需要完成哪些任务，具体由谁来负责。

（3）志愿服务团队需要团队领导、骨干队员和核心力量，不妨毛遂自荐。

（4）团队成员之间需要建立通信渠道。

（5）开展服务前集体筹备，开展服务后共同反思总结。

（6）可以通过团队游戏增强团体凝聚力。

增强团队凝聚力小游戏

（1）求生岛

人数：12人以上

道具：报纸

游戏规则：参与者分为2队，每队6人，游戏开始后共同站在一张报纸上，每个人身体的任何部位，不得碰地，接着再撕去一半报纸继续站立，再撕去一半报纸……直至有成员身体部位碰地视为失败，最后以用最佳办法使本队全部成员站进最小面积报纸的获胜。

（2）快乐传真

人数：12～16人

道具：秒表

游戏规则：参与人员分为2队，每队6～8人，横向排列。每队的第一个同学用动作和表情来表示一种快乐的心情（含简单剧情），然后传递给下一名同学，一直传递到最后一名同学，看哪一队传得又快又准。

（3）有口难言

人数：4～12人

道具：纸、笔

游戏规则：首先分成2队，其中一队将要猜之物写在纸上，如戏名、人名、歌名等，而另一队则要派出一名代表做动作，令其他人猜中该物。轮流猜过之后，以速度快、数量多的一队获胜。

（三）自我防护技巧

1. 灾害性天气

志愿者参加户外的大型活动如马拉松大赛、运动会等，服务时间比较长，有时可能会碰到意外的天气情况。志愿者要了解灾害性天气的预警标志，大风暴雨时远离电线杆和高压线塔，不要在大树下避雨，以免遭受雷击；躲避在建筑物内时，如果电路出现问题要立刻切断电源；大雾天气下，能见度低，志愿者需要尽量避免在马路活动，利用颜色鲜艳的服装、旗帜等引起他人注意。

2. 火灾

遇到火警时，不要盲目参与救火，应及时拨打119，讲清火灾详细地点、火势大小、着火的部位、着火的物质。千万不要惊慌失措地四处乱跑，碰到浓烟时，正确使用消防防毒面具或用湿毛巾捂住口鼻避免吸入，如果逃生路线被大火阻隔，则立即退回室内，披上浸湿的衣物、被褥，通过手电筒照射、挥动衣物、呼叫等方式向窗外发送求救信号，等待救援。

课外小知识

常用灭火方法

冷却灭火法：用水或灭火剂直接喷洒在燃烧物上灭火，电器、油锅着火时切记不可用水灭火。

窒息灭火法：隔断燃烧物的空气供给，使其因得不到足够氧气燃烧而熄灭。

隔离灭火法：将火源附近的易燃易爆物质隔离或转移，中断可燃物质的供给使燃烧因缺少可燃物停止。

3. 人流密集拥挤

在商场、狭窄街道、电影院等人流密集的地方容易发生倾轧或踩踏事故。倒地时，侧卧蜷缩成团，保护好头、颈、胸腹。志愿者需要警惕，一旦发现人群慌乱或拥挤，要及时了解和判明原因，向周围人发出“前方拥挤”的警示，帮助老弱病残孕等需要关爱的人群。

（四）心理调适技巧

1. 乐观心态

志愿者需要有积极乐观的心态。在帮助别人时，我们可能会碰到各种各样的情况，比如满怀热情想去帮助老爷爷老奶奶，却发现自己听不懂对方的方言；既想参加志愿服务，又担心占用学习的时间影响成绩；参加学校组织的活动，路途太远交通不方便；有些同学面对一些身体残疾、生活极度困难的服务对象时，会对他们的境遇感到难过，觉得自己的力量过于渺小。碰到这些情况容易让我们焦虑和灰心，打击参与志愿服务的热情。遭遇这些情况时，不妨停下来想一想，还有没有其他的解决方式呢？我的小伙伴们有什么妙招吗？老师、家长在和我同样年纪时碰到这样的情况是如何处理的？困难是一时的，迎难而上努力解决问题才会让我们越来越强大、越来越自信。此外，有时候助人是一项复杂而长期的工作，除了志愿者之外，还有专业的社会工作者，以及民政部门、共青团、妇联、残联等组织，这些都是助人的力量。我们应把自己力所能及的小事做好，以积极的心态从容应对志愿服务中遭遇的困难。“说好话、做好事、存好心”，只有保持积极乐观的心态，传递笑容，注入正能量，才能体会“赠人玫瑰，手留余香”的快乐。

2. 调整期待

有些同学觉得参加志愿服务可以获得“加分”，在评选各种优秀奖项时有特殊筹码；有些同学参加志愿服务觉得很雀跃，以为参加志愿服务可以不用上课；还有些同学以为参加志愿服务时，可以利用职务之便，见到一些“明星”嘉宾。以上这些想法都是错误的，志愿者没有特权，甚至有一些简单重复性的工作还会让人产生枯燥的感觉。

对志愿服务的工作性质和工作内容的估计不足，都容易产生心理落差。同学们在开展志愿服务时，需要调整自己的期待，不要产生不切实际的幻想，不忘志愿服务初心，了解清楚服务的目的与目标，充分评估自己的兴趣和时间，参加志愿服务收获成长。

案例点评

小霞是当红偶像Nini的“粉丝”，她在网上看到小道消息说Nini将会担任某市马拉松比赛的开幕嘉宾，为了见到偶像，小霞报名了该马拉松比赛志愿者，希望通过职务之便一睹偶像的风采。马拉松比赛当天，小霞负责协助现场参赛人员更换服装的相关工作，现场混乱又辛苦，根本没有机会见到偶像。小霞很沮丧，找到了负责的谭老师倾诉，谭老师告诉她网上的消息其实是谣传，但是她负责的工作却很重要，能够帮助选手更顺利地参加比赛。谭老师还鼓励她投入志愿服务，做有意义的事。小霞听了谭老师的建议，及时调整心态，认真清点服装，细致热情地为参赛人员更换尺寸不合的衣服，努力做好自己负责的工作。在马拉松比赛中，小霞看到她服务过的参赛的选手向她招手，觉得很开心，也被选手坚持不懈的精神打动，感受到了志愿服务的价值和乐趣。从那天以后，小霞爱上志愿服务，成为了志愿服务队伍中的一员。

点评：小霞虽然一开始是出于想见到偶像的想法来参加志愿服务，但是她及时调整心态，积极主动地参与服务，最终出色地完成志愿服务。许多同学或许像小霞一样，因为机缘巧合而接触到志愿服务，帮助他人的过程也让我们自身获益良多。希望同学们都能够加入志愿者大家庭，助人自助，成为对社会有益的人才。

3. 心理压力辨别与调适

我们在志愿服务中可能会产生一定的心理压力，比如高强度的志愿服务任务、志愿者团队成员之间人际交往的摩擦、服务对象的不理解等。适度的心理压力能够使人挑战自我、挖掘潜力、提升效率。但过度的压力会引起焦虑、沮丧、发怒、失眠等情绪和状态，有时甚至会引发一些生理疾病，严重时影响学习和生活。当心中积满苦闷、烦恼、委屈等情绪无法疏通时，要及时找小伙伴、父母、老师倾诉，发发牢骚、吐吐委屈，让不良情绪发泄出来，精神就会放松，不开心的情绪也会随之过去。

同时我们需要及时地察觉自己的状态，可以学习一些心理疏导的小方法帮助自己调节。注意：如果自己的低落情绪持续超过两周，建议向学校的心理老师寻求帮助。

课外小知识

腹式呼吸法：深深地吸气，把肚子鼓起来，憋气2～3秒或3～5秒，慢慢地将气呼出来，呼气的时间延长到6～7秒结束，呼气的时候，肚子要瘪下去，尽可能地把身体里的浊气吐出来。一般可以尝试10次，这时会感觉到不好的情绪明显缓解。

蝴蝶拍：这是一种心理自我安慰的方法。做这个动作时，就像蝴蝶在拍打翅膀。可将双手在胸前交叉，轻拍自己的双肩，就像自己拥抱安慰自己，速度要慢，轻拍4～6轮为一组，停下来，深吸一口气，如果好的感受不断增加，可以继续下一组蝴蝶拍。蝴蝶拍会促进情绪稳定性，获得安全感和愉悦感。

小贴士

“12355”青少年服务台是共青团中央设立的青少年心理咨询和法律援助热线电话，由各级共青团组织建设和维护。如果有无法对身边人说出口的烦恼，可以拨打12355哦！

4. 学会拒绝

在志愿服务的过程中，我们要以诚待人、内外一致，需要懂得拒绝和变通。当我们在志愿服务中遇到超出自己能力范围或者让自己为难的请求时，可以寻求老师的帮助；但如果我们遇到不合理的要求时，一定要懂得干脆利落地拒绝。

案例点评

阿凯在参加志愿服务的过程中认识了家境贫寒的小兵。有一天，小兵开口向阿凯借钱，阿凯很是为难，一方面自己零用钱不多，另一方面阿凯不确定借钱给服务对象是否符合相关的规定。

点评：对于志愿服务中产生的金钱关系，同学们需要慎重，需要了解志愿服务的章程和规定，可以向负责的老师反馈服务对象的困境，或许能够更好地帮助到他。我们可能都有过因为不想破坏人际关系而勉强答应别人请求的经验，事后可能自己内心并不舒服。学会拒绝，既是对自己内心的尊重，也是对他人的尊重。

二 志愿服务的特殊技巧

在开展志愿服务的过程中，我们所面对的服务对象可能伴随着特殊的情况，生理状况、心理状况都有不同的特点，不同的特殊群体需要不同的交流与沟通方式，在服务特殊群体时，志愿者需要掌握更多的服务技能技巧。

（一）长者群体服务技巧

1. 长者的特点

老年人主要面临生理改变，即身体机能上的衰退。老年人常见疾病包括糖尿病、关节炎、眼疾（白内障、青光眼、老花眼）、失禁、冠心病、脑血管病、阿尔茨海默病、帕金森病等。伴随着退休，老年人的社会角色、经济收入、生活目标也会改变，心理上常伴随有失落、孤独、无能、焦虑等感受。但需要注意，这并不意味着老年人是“没用的”“落伍的”，实际上许多老爷爷、老奶奶也很“潮”，也能接受年轻人的新鲜事物。

老年人按照年龄可以划分为低龄长者（60～69岁）、中龄长者（70～79岁）和高龄长者（80岁以上），他们的身体机能和社会参与都不一样。低龄长者的身体尚好，头脑比较清晰，生活一般可以自理，社会参与的愿望强烈；高龄长者是老年特征最突出的人口，大多会面临经济拮据、体弱多病，需要家庭和社会向他们提供经济帮助、医疗服务和生活照顾等情况。

课外小知识

认识阿尔茨海默病

阿尔茨海默病又叫老年性痴呆、脑退化症或失智症，主要为神经系统慢性退行性的功能下降，表现为记忆力下降及认知功能下降。因为这种疾病容易发生在高龄人群的身上，所以被认为是老年人的疾病。作为神经退行性疾病，阿尔茨海默病虽然与年龄有一定的关系，但是也与很多其他因素，例如性别、家族史、生活方式、特定疾病等原因有关。年轻人也有可能会患阿尔茨海默病，且患病之后是不可逆的。值得注意的是，阿尔茨海默病的发生，从认知功能下降到后期典型的认知功能障碍之间有个连续发展的过程，目前在认知障碍上有较为完善的早期诊断体系，发现问题后患者和家人应及时沟通，积极开展前期治疗，可以有效延缓疾病的发展进程。治疗过程中患者家人需要关注患者的生活质量问题，帮助患者克服心理压力和焦虑情绪。

2. 长者服务的注意事项

安全第一：开展长者服务时，要注意周围环境的情况，小心地滑。活动设计不要过于复杂，要考虑老人的既往病史。扶老人时掌握正确的扶法，辅助老人坐轮椅时，一定不要让轮椅随意移动而导致老人坐空，推轮椅的动作要缓慢。

尊重习惯：探望长者时，要尊重老人的习惯，不要随意移动老人房里的摆设和其他物品，如老人院的一些老人就爱把剪刀、药油摆在床上，只要提醒其注意安全就可以了。

亲切沟通：和老人沟通时，要把老人当作自己的爷爷、奶奶一样尊敬、爱护。讲话时音量适当放大，讲话语速放慢；和老人家打招呼时避免问“您还记得我吗？”，可换成“我又来看您啦！”，老人家觉得被重视了，会高兴很多。

注意饮食：不要随便给老人带吃的东西，因为老人多有基础疾病及相关饮食禁忌，如糖尿病患者饮食要低糖，肾病和高血压患者要控制盐分摄入等。水果含糖分比较高，对于患有糖尿病的老人是不适合的。另外，月饼、粽子等容易升糖的应节食物也需要注意。

案例点评

李东和志愿者小伙伴们为敬老院的长者们精心策划了一次联欢会，他们带了许多新鲜的水果准备作为联欢会的奖品，爷爷、奶奶参与活动时都很开心，在派发水果环节纷纷举手领取。护士发现后，制止了他们派水果的行为。后来李东才知道，原来敬老院中有一部分爷爷、奶奶有糖尿病史，不能随便吃水果。联欢会结束后，大家觉得很有挫败感。

点评：饮食关乎老人的健康。针对每个老人的不同情况，一般敬老院会建立老人健康档案，记录老人的身体状况。李东和志愿者们在开展服务前应该提前咨询敬老院的工作人员，了解老人的病史和饮食禁忌等情况，根据实际情况进行调整。

（二）残障群体服务技巧

根据《联合国残疾人权利公约》描述，残疾人包括肢体、精神、智力或感官有长期损伤的人，这些损伤与各种障碍相互作用，可能阻碍残疾人在与他人平等的基础上充分和切实地参与社会。截至2020年2月，中国有超过8500万残疾人。需要特别注意的是，在志愿服务的官方文件里，我们一般不会直接称呼特殊服务对象为残疾人，通常以“残障人士”去称呼服务对象。他们是生活中面临障碍的群体，并不是“生病”，服务特殊群体时，单凭爱心是不够的，还需要了解他们的特殊情况，采取相应的服务方式。

1. 视觉障碍

视觉有障碍的人也被称为盲人，主要分为全盲和半盲两类。全盲即眼球萎缩或钙化，对光失去反应；半盲为视力低下，即低于正常视力60%，他们的活动会因视觉障碍受到限制。视障者在探索环境时常常借助触觉、听觉、温度、嗅觉等感知，形成自己特殊的空间感觉与认知，这些空间感觉与认知在头脑中经过整合，为视障者的行动提供指导。

服务视障者需要注意如下内容：

①在为视障者服务时，可以先称呼对方的名字，表明你正在对他说话。

②沟通交流时不需要讲话过慢或者过于大声，视障者只是眼睛不方便视物，听力没问题。

③和视障者交流时，避免使用“瞎子”等不文明用语。

④进入陌生空间时，需要清晰地描述方位和环境，如“您的左手边45度2米处有一个柜子，柜子里装满了书”。

⑤走近视障者或者离开他们时，需要提前用声音示意，或者用拉拉手、轻拍肩膀等方式告知对方。

案例点评

阿娴因为志愿服务认识了视力受损的林瑞。阿娴得知林瑞想看电影《羞羞的铁拳》后，因为曾经参加过口述影像的培训，便自告奋勇陪同林瑞一起观影。阿娴努力把电影中幽默的表情与动作、拳击的打法等冲击性的视觉信息进行详细描述，林瑞通过口述影像了解了电影中完整的内容，感觉身临其境，开心又激动。

点评：以电影为例，口述影像便是在不干扰正常节目的声音信息和对白的情况下，将影片中的视觉成分，如空间布景、场景、人物表情、动作等用语言加以解释与描述的技术。一般志愿者需要参加过相关的专业培训才可以开展此类服务。案例中阿娴将口述影像的学习应用于实践，通过描述帮助林瑞观影，让彼此都获得了不一样的电影体验，值得大家学习。

视障体验引导小游戏

名称：穿越障碍

人数：2人

道具：凳子、桌子等障碍物

游戏规则：2人一组，其中一人蒙住眼睛，另一名小伙伴负责将蒙住眼的伙伴带进预先设置有障碍物的房间，蒙眼者借助可视者的言语指导，两人合作共同穿越所有障碍物，并到达指定位置。也可以在公园等户外环境中进行相关的体验。通过该游戏，参与者可以体验视障者的日常生活处境，了解进行引导时需要注意什么。

课外小知识

导盲犬是经过严格训练的狗，与警犬同属于工作犬，比较常见的品种是拉布拉多、黄金猎犬、德国狼犬。经过训练后的导盲犬可帮助视障人士去学校、商店、洗衣店、街心花园等。它们懂得很多口令，可以带领主人安全地走路，当遇到障碍和需要拐弯时，会引导主人停下以免发生危险。导盲犬的培训过程长达18个月，导盲犬的工作寿命可达8～10年。如果在公共汽车或者地铁上看到有人妨碍导盲犬工作，需要及时制止哦！

2. 肢体障碍

肢体障碍指人的四肢残缺或者躯体麻痹、畸形，导致人体运动系统不同程度的功能障碍。肢体障碍一般分为轻度、中度、重度三类。轻度障碍指上肢受损、截肢、单腿损伤配有假肢，一般在经过康复训练后，他们的生活是可以自理的；中度障碍指可以使用轮椅在一定范围内行动，当范围扩大或者距离较远时，需要协助；重度障碍指生活基本不能自理，如全身瘫痪，需要志愿者给予更多帮助。有肢体障碍的人员需要社会提供更多的无障碍设施，保障他们的正常生活。

服务肢体障碍者需要注意以下内容：

①在服务之前需要主动询问对方的意愿，征得同意再作进一步的协助；

②不要过多关注障碍的部位，拍照时需避免对障碍部位特写；

③和坐轮椅的伙伴长时间交流时，尽量蹲下来，让视线保持一致；

④不要对义肢过度敏感，如握手等环节可正常自如进行。

广州市第二中学志愿者开展助残志愿服务

3. 智力障碍

智力障碍指智商明显低于一般水平，在适应行为方面有缺陷的病理状态。智力障碍是永久的缺陷，既不是疾病，也不是精神病，并非用药物可以治愈的。根据《世界精神科分类手册》第四册（DSM-Ⅳ），智力障碍群体是智商在70或以下，并在沟通、自我照顾、家居生活、社交、使用社区资源、认路、学习、工作、健康及安全等方面发育迟缓的人。智力障碍造成的原因既有先天性的，也有后天性的。有些人认为他们的性情古怪，难以结交，有些人认为他们生活不能自理，永远要依赖别人，还有人认为他们有暴力的倾向，这些都是误解。根据智商评估的结果，可以按程度将智力障碍分为三个等级：轻度智力障碍，即智商50～69；中度智力障碍，即智商25～49；严重智力障碍，即智商在25以下。

如正常人一样，智力障碍者有多方面的潜能，只要有适当的培训，他们的潜能便可得到发挥。轻度及中度的智力障碍者在日常起居方面大部分可自我照顾，甚至经过适当的培训，就能拥有一技之长，贡献社会；而严重智力障碍者经过重复的学习，也可掌握一些日常起居生活的技能，如梳洗、上厕所、烹饪等，无须依赖他人。

服务智力障碍者需要注意以下内容：

①首先是拒绝歧视，态度上像对待平常人一样对待他们。

②智力障碍者需要别人的关怀和接纳，也需要自我表现的机会，以确立自信心。由于智障人士学习能力较为迟缓，因此他们需要较长的学习时间。

③在服务智力障碍群体时，可以通过共读绘本等方式，帮助他们学习日常生活技能。

4. 听障（语障）

听障（语障）指出生后或处于幼儿时期便有严重听力障碍，以致无法学说话，或者刚学说话又因听力障碍重新丧失说话能力。听障（语障）者不能讲话，无法用语言进行交流，一般是由于听力障碍使他们在学语言阶段失去模仿学习的可能，丧失听到和辨别语言的能力，故聋是因，哑则是结果。借助助听器及人工耳蜗，可帮助他们一定程度恢复听力。手语对听障（语障）者来说是最好的语言，是他们交流和学习知识的手段。

服务听障（语障）者需要注意以下内容：

①主动发现听障（语障）者的需求和难言之隐。

②学习手语是和听障（语障）者交流的最好渠道，主动学习手语是志愿者与聋哑人士沟通交流的最好方式，能够更好地服务他们。

③即使听障（语障）者听不见，也应避免使用“聋子”“哑巴”等词语指代他们。

④在不会手语的情况下，可随身携带笔和小本子方便交流互动。

（三）儿童群体服务技巧

1. 自闭症儿童

自闭症又称孤独症，是一种先天性的广泛性发展障碍性疾病。自闭症儿童的主要表现为孤独离群、不说话、行为刻板、兴趣狭窄等。大多数自闭症儿童的言语很少，语言发育迟缓，有部分自闭症儿童会将人称代词混淆，比如用“你”和“他”指代自己。他们常常都有自己特别专注的东西，较长时间里专注重复某些行为活动，如沉迷于旋转凳子，单调地摆放积木块，天天要吃同样的饭菜，出门要走相同的路线等。在医学界，自闭症也是分等级的，轻度的自闭症是可以和别人进行简单的对话，重度的自闭症也许不管别人干什么都不会理睬。有些自闭症儿童被大众认为是天才，他们其实是高功能自闭症，他们要么能够画出很漂亮的画，要么拥有超常记忆力或者其他才能，但这部分儿童属于极少数案例。自闭症一直被认为是终身无法自愈的疾病，需要持续进行康复训练，一般越早发现，干预治疗的效果越好。

服务自闭症儿童需要注意以下内容：

①自闭症患儿的情况比我们想象的复杂得多，需要的专业性很强，一般没有经过系统学习的人很难提供专业服务，志愿者如果要为自闭症儿童服务，需要在专业机构里接受培训。

②志愿者刚开始接触自闭症儿童会有一种“热脸贴上他们冷屁股”的感觉，建议先从观察入手，观察自闭症儿童感兴趣的事物，再尝试慢慢和他们产生互动。

③自闭症儿童由于自身的发育障碍，会比其他的孩子需要更多的语言刺激才能够说出话来，与他们说话时语言最好简洁一些，语速慢一点，声音大一些。

④和自闭症儿童相处一定不要像看病人一样看他们，保持微笑，静静地陪着他，也是一种快乐。

课外小知识

和自闭症有关的电影推荐

《海洋天堂》

《我和托马斯》

《星星的孩子》

《雨人》

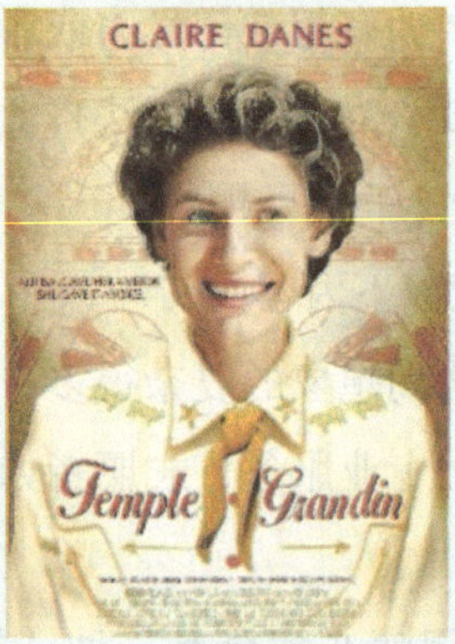

《自闭历程》

2. 重病儿童

重病儿童指因为重大疾病而长期住院的儿童，他们的免疫力较弱，易受感染，营养不良，需要长期治疗。他们因为生病无法到校上课，因此缺少成长中和同龄群体交流和玩耍的机会。重病儿童的家庭，一般也会因为高昂的治疗费用，导致经济紧张、家庭贫困，需要社会更多的支持和关爱。

服务重病儿童需要注意以下内容：

①重病儿童易受感染，凡感冒或者身体不适的志愿者，不建议参加服务。参加服务时要勤洗手，做好道具物资的消毒工作。

惠州市华罗庚中学教师带领学生志愿者为特殊儿童服务

②未经允许，不随意讨论服务对象的敏感信息及病情，更不要对服务对象的病情妄下判断，或者提供医生之外的服务建议，如“我在网上看到某药物可以治疗……”。

③特别留意重病儿童的输液针管，避免大力抓着他们的手，或者拥抱他们。

④不可自主提供食物给重病儿童。

⑤可以利用一些小魔术、小游戏活跃气氛。

案例点评

大斌和小伙伴组成了关爱重病儿童的“益童天使团”志愿服务队，他们带着募捐来的礼物，在医院里为生病的孩子们讲故事、做手工游戏，还组织了热闹有趣的生日会，现场的孩子们非常开心。一位家长感动地说：“咱们不图礼物有多好，就是希望能有人来陪孩子玩一玩，让孩子能够开心起来，能够更加乐观、开朗就好了。孩子一直盼着你们这些志愿者来，虽然在医院里有很多限制，但有志愿者在，我们感觉心里很温暖。”

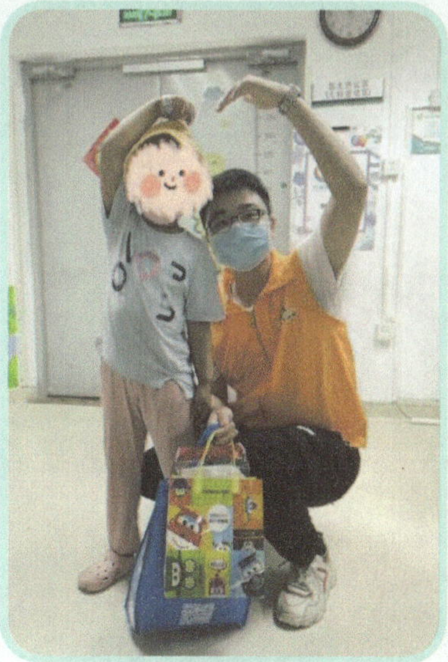

益童天使团志愿者开展服务

点评：益童天使团的志愿者，在开展服务前仔细地和医生咨询注意事项，并且做了严格的消杀工作。他们的爱心不仅让病童及其家人感动，更重要的是他们感受到了人生的意义、志愿服务的意义，收获了自我的成长。

第六章

志愿服务实践与成长

那些点滴的成长，终于没有被岁月错过；

那些点滴的经历，终于没有被岁月消磨；

这些成长和经历，终于长成了参天大树。

有人因为参加了志愿服务，认识了不一样的自己不一样的社会；有人因为参加了志愿服务，磨炼了意志而变得温柔坚韧，懂得了传播爱与奉献爱；有人因为参加了志愿服务，选择了不同的人生道路，成为“职业”公益人。志愿服务究竟有什么魔力？本章主要介绍志愿者身后五味杂陈的故事，或雀跃或自豪，或心酸或感慨，我们一起来听听他们的故事。

第一节

尝试，我可以变得更好

他们没有这么多的雄心壮志，不是“大神”也不是“学霸”，只是不显眼的普通学生。他们参与志愿服务只是出于偶然的尝试，但最后却收获了书本上学不到的“财富”，收获了蜕变式的成长，发现了不一样的自己。你，其实可以变得更好。或许在以下两位主人公自述的故事中，你能找到自己的影子。

“我当上了志愿服务队队长”

吴丹燕是揭西县棉湖第二中学的一名学生，也是该校志愿服务队的队长，她描述了自己的志愿服务心路历程。

刚上高一时，我是一个内向又腼腆、不善交际的女生。那时正值学校社团招新，懵懵懂懂的我被朋友拉着去报名参加了阳光乐心服务队。在参加志愿活动的过程中我逐渐变得开朗、自信。

我们服务队的品牌活动是“献爱心送温暖”尊老爱老志愿服务活动。我们会定期探望镇上的孤寡老人并帮他们打扫卫生、整理房间，跟他们谈谈心、聊聊天。每当这个时候，老人家总会一改愁容，满脸洋溢着幸福的笑容。第一次参加活动的我在结束时感触良多，那种帮助了别人以后他们对你报以诚挚笑容的时刻，使我感到非常充实而满足。那一刻我才知道，原来在帮助别人的同时，自己也可以很开心。由此，我决心要做好一名合格的志愿者，后来的每一次志愿者活动，我都积极参与。

在这个服务队里，我认识了很多志同道合的朋友，渐渐地，我的性格变得开朗，变得积极乐观。后来，志愿者服务队要换届竞选下一届队长时，我更是积极报名竞选。在自己勇敢的行动下和同伴们的鼓励中，经过一番角逐，我当选了新一届服务队的队长！

谁能想到一年前那个内向腼腆的女生，现在能当上队长，带领一个五六十人的志愿者队去参加志愿活动呢？我自己也没想到我能有这么大的改变！但我觉得我做了最正确的选择，做对了当志愿者这件事！

通过志愿服务，我从中积累了很多的活动经验。我体会到工作的成效取决于团队里每个人的积极性。当我们积极地投入、热情地参与、耐心地引导、不厌其烦地解释，即使再棘手的问题最终都会迎刃而解。通过志愿服务，我的心灵变得充实，变得温暖。这一切都是我宝贵的人生财富，是书本里学习不到的。

我还要向疫情期间的志愿者和白衣天使们学习。在疫情防控最严峻的时候，他们各尽所能、各展所长，把个人安危置之度外，心怀家国、敢于担当，他们冒着生命危险为社会作出贡献，真是太伟大了！我们要以他们为榜样，为社会这个温暖的大家庭奉献自己的一点光、一点热。

我是志愿者，我骄傲！

方展鸿老师（左二）与学生代表吴丹燕（右一）同学为孤寡老人捐赠善款

揭西县棉湖第二中学团委书记方展鸿老师作为服务队的指导老师，一路见证了吴丹燕的成长：

刚进入高中学习生活的吴丹燕同学在一次偶然的机会加入我们服务队这个大家庭。犹记那时，作为新生成员，吴丹燕同学性格较为内向腼腆。随着志愿服务活动的开展，在老队员的引领下、在服务队热情洋溢的氛围中，她逐渐变得开朗活泼、主动积极。在“尊老爱老”志愿服务活动中，吴丹燕同学热心探望孤寡老人，在老人家里扫地、擦桌椅，并向老人家们嘘寒问暖，与他们促膝谈心，展现出了她的爱心与担当。内向腼腆的她经过两年的历练，蜕变成长得成熟自信。在参加队长竞选时，她受到了队员们的支持和鼓励，被推选为服务队队长。作为队长，她以身作则走在前头，关心队员、帮助他人。在她的带领下，服务队的活动开展得越来越好！一路走来，我们见证了她的成长，曾经腼腆青涩的小女孩，已经成长为乐观自信、独当一面的团队负责人了。

“这是上天对我最好的安排”

东莞理工学校2019级光电1班陈阳东同学因中考失利，进入中职学校。他曾觉得自己前途灰暗，人生基本定格，而在遇到志愿服务后，自己的心态有了翻天覆地的变化。

2019年，我来到东莞理工学校，看着曾经的初中同学一个个都步入了理想的高中，我也曾迷茫过一段时间。因为东莞理工学校是一所中职学校，惯性思维来看进入了职校就意味着前途一片灰暗，人生基本就定格了，很难再闯出什么“名堂”来。现在回过头来看，这虽然是无奈之选，但确实是上天对我最好的安排。

在我刚入初中之时就曾听闻志愿者一词，在我当时的理解中志愿者无非就是去帮助他人的人，没有什么难度。可是当我进入职校，加入校团委青年志愿者服务部真正成为志愿者这个大家庭的一员后，我才知道之前的认知是幼稚的、片面的。

“被需要是一种幸福”这句话是我在第一次做志愿服务时才切身体会到的，那种被幸福感包围的感觉是不能用言语来表达的。还记得我第一次做志愿服务是外出陪横沥镇的一些老人喝早茶，这个活动看似简单，其实需要志愿者来回走动很多次，弯腰扶老人，体力消耗很大，感觉很累，但是看到老人家的笑容和对我们竖起的大拇指后，身体的疲乏被这股暖流冲散，于是也就更加地卖力了。也是通过这一次的活动，我对志愿者有了更深一层的理解，对那些长期做志愿者的人也肃然起敬。

后来，我在一次次志愿服务过程中渐渐地成长和进步，我的综合素质得到了质的提升。从一开始非常不自信，甚至在班里同学面前自我介绍都会脸红、心跳加速，变成了如今的举止得体、谈吐大方。不但如此，在志愿服务过程中我的精神和心灵也得到了满足。志愿服务既是“助人”，亦是“自助”；既“乐人”，也“乐己”，我的心态发生了翻天覆地的变化。从一开始那个郁郁不得志、自我封闭的男孩，变成了一个积极看待生活、热爱生活并愿意将这份热爱传递给周围的人的合格的中职学生。

参与志愿服务真是一举两得的好事，锻炼能力素质同时也丰富精神世界，进入东莞理工学校，成为志愿者确实是上天对我最好的安排。我真的很荣幸能加入到志愿者这个大家庭，通过自己的努力能帮助到其他人的感觉真好！在将来，我依然会争取做志愿服务的机会，尽我所能为身边的人做一些力所能及的事，温暖周围的人，努力带动身边的人积极参与到志愿服务中去。

陈阳东同学参与志愿服务

东莞理工学校团委书记吴丽丽老师对陈阳东的成长深有感慨：

陈阳东同学自2019年开始参与青年志愿服务活动以来，逐渐变得自信、阳光、善于沟通，可以快速地和同学们以及志愿服务对象打成一片。短短的两年时光，我们见证着他一点一滴的成长，他身边的学生干部们也被他的志愿服务精神激励着、温暖着。

2019级的校团委青年志愿者服务部一名成员说：

刚刚进入部门的时候，我觉得阳东还是有点腼腆的，后来我感觉阳东在面对陌生人的时候可以更好地表现自己，越来越自信了。渐渐地，他会主动策划志愿服务活动并教本部门的师弟师妹做事，协助部长将部门打理得井井有条，我打从心底佩服他。

一名2020级的学生干部评价陈阳东同学：

虽然我加入部门的时间不长，但阳东师兄给我留下了深刻的印象。师兄在工作中积极主动，待人诚恳，不怕苦、不怕累，对待生活和学习的态度都是积极、向上、乐观的，我以他为榜样。

衷心希望陈阳东同学在志愿服务过程中锤炼本领，持续稳定地积累，提高自己的服务能力，收获成长的喜乐，弘扬“奉献、友爱、互助、进步”的志愿服务精神，积极带动更多的同学加入到志愿服务的队伍中来。

第二节

快乐，我是美德好少年

寻找“最美南粤少年”活动是自2016年起由共青团广东省委、广东省学联、广东省少工委联合开展的一项面向全省中小学生展示身边“好榜样”的活动。活动分别设立“美德好少年”“创新好少年”“智慧好少年”“才艺好少年”“活力好少年”“自强好少年”6个类别。每年都有一些中学生因热心公益、乐于助人，长期开展志愿服务而上榜“美德好少年”，成为全省中小学生学习的楷模。接下来我们通过访谈一起来认识两位美德好少年。

雷州市“优秀战疫志愿服务典型”个人

邝大程，雷州市附城中学2021届学生；广东省五星志愿者；雷州市恒德爱心公益协会青年志愿者服务队队长。曾获2019—2020年“广东省优秀共青团员”、2020年度广东省第五届“最美南粤少年·美德好少年”，以及广东“优秀战疫志愿服务典型”等荣誉称号。

小编：大程，请你谈谈第一次参加志愿服务的经历和感受吧。

大程：我初中开始在校内接触志愿服务，但正式参加应该是高一的时候。当时我跟随雷州市恒德爱心公益协会下乡到雷高镇看望孤寡老人和孤儿等。到达后我才知道雷州原来还有这么贫困的地区。其中有一名孤儿，他的父亲去世，母亲改嫁，爷爷奶奶有病不能干重活，他的家庭情况令我内心很压抑。后来听说经过协会的引导帮扶，联系了企业家对他进行资助，会一直资助到他大学毕业。经过这次活动，我认识到了志愿服务的重要性，坚定了我继续做志愿服务的决心。帮助别人也同样快乐自己！经过我们的帮助，别人走出困境，我内心的那种满足和自豪的感觉是无法用语言描述的。

小编：身边的家人、老师、朋友是如何看待你做志愿服务的？

大程：刚开始我父母是持反对态度的，经过我再三解释和游说，父母第一次看到我为一件事坚持这么久，也就慢慢地默认了，从反对转变为支持。而我刚开始做志愿服务的时候，同学们还是抱着观望的态度，后来他们看到我的改变，也逐渐地加入了志愿服务的行列。说实话，通过参加不同形式的志愿者服务活动，我了解、学习了很多东西。志愿服务确实给了我很好的锻炼机会和实践舞台。

小编：是什么原因促使你一直坚持做志愿服务？

大程：有几个原因吧。第一，因为我家是建档立卡贫困户，之前在我家最困难的时候，是别人帮助我们渡过难关的，周围人一直在默默帮助我们，父母经常跟我说在我有能力的时候要尽己所能回报社会，我默默地记在心上。我现在知道做志愿服务就是回报社会的一种很好的方式。第二，做志愿服务真的很快乐。有一次在帮助别人后，他对我说了一声谢谢学长，让我开心了一整天，这种开心在课堂和书本上是体会不到的。第三，因为我责任心很强，所以我组织的活动都亲自到现场，然后做着做着就成了五星志愿者。

小编：你是如何带领小伙伴们一起参与志愿服务的？

大程：高一的时候我在学校成立了雷州市附城中学青年志愿者联合会并担任负责人，联合会由学校团委直辖，负责学校的志愿服务活动。2018年10月我在校外成立了雷州市恒德爱心公益协会青年志愿者服务队并担任队长，服务队成员基本上是在校学生。目前建立了雷州市恒德爱心公益协会青年志愿者服务队雷州市第一中学分队、第二中学分队、第三中学分队、第四中学分队、第八中学分队、附城中学分队、白沙中学分队、职业高级中学分队、湛江市实验中学分队、大学生志愿者分队、南兴镇分队、杨家镇分队等12支志愿者服务队的直属分队。在校队员有1700余人，学生志愿者遍布雷州市城区中学。

目前我们形成了一种模式，校内志愿服务以学校的名义开展，校外志愿服务以恒德公益的名义开展，志愿服务的形式更多样了，也能吸引同学们继续参与志愿服务。目前恒德服务队持续开展敬老扶幼、爱心助残、心理疏导、消防交通安全、文明礼仪、垃圾分类等志愿服务活动。现在每周基本固定4个项目再加上一些其他活动，可以说我们的志愿服务活动很丰富了。

2020年2月29日邝大程（右图右一）在雷州市英利镇迈炭村采摘蔬菜支援武汉

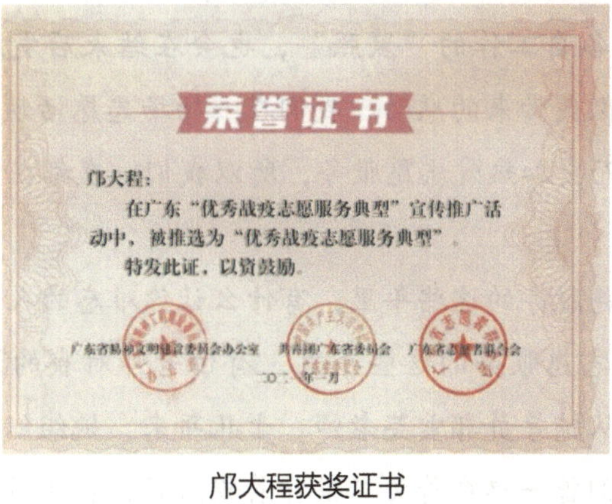

荣誉证书

邝大程：

在广东“优秀战疫志愿服务典型”宣传推广活动中，被推选为“优秀战疫志愿服务典型”。

特发此证，以资鼓励。

广东省精神文明建设委员会办公室　共青团广东省委员会　广东省志愿者联合会

二〇二[illegible]年一月

邝大程获奖证书

中山市“全国最美中学生”个人

郭芷滢是中山市华侨中学2019届毕业生，现就读于四川师范大学。在中学期间，曾获2017—2018学年中山市直属中学“我身边的榜样个人”、2018年度广东省第三届“最美南粤少年·美德好少年”、2018年度全国“最美中学生”等荣誉称号。郭芷滢自2008年成为中山市东升镇第一批亲子义工以来，已从事志愿服务活动13年。

小编：芷滢，请问是什么促使你一直坚持做志愿服务呢？

芷滢：为什么会一直坚持？或许是从志愿者这个身份里，感受到别的身份无法复制给我的美好吧。这种美好第一次是发生在小学三年级去山区助学的时候，虽然路途遥远、山路泥泞，但当我看到家庭条件艰苦的小女孩脸上的笑容，让我感受到生活依旧要有希望，我们都应该互相帮助，鼓励彼此对未来充满向往。美好也体现于一个微笑带来的感动。每年的节日，比如春节，我们一家都会参加中山市东升镇同茂小学的孤寡老人慰问活动，带上慰问品，拿上清洁工具，为老人们打扫卫生，贴上春联。我们一起和老人家聊家常，小朋友们唱歌表演，其乐融融的样子真的非常美好与温暖。美好更体现在拥有了一群志同道合的朋友，一起结伴做彼此都热爱的事情。高中时期，我曾当选为华侨中学校团委青年志愿者部部长，组织了很多场志愿活动；大学时期的寒暑假，我曾经担任过中山市大中学生公益志愿体验营副营长。我和我的伙伴一起经历了志愿活动的辛苦与感动，会互相拍下各自工作的“黑照”，也会在结束后发朋友圈感慨一句“谢谢”或一个微笑带来的感动。我们在一场场志愿活动里，找到了我们青年的价值。因而更加热爱志愿服务，所以我们一直都在坚持。

小编：做志愿服务的这些年里，有什么让你难忘的人和难忘的事？

芷滢：在做志愿服务的这些年里，有位老师对我的影响非常之大，那就是小学的大队辅导员郭雪英老师。十几年来，她组织过非常多有意义的志愿活动：我们曾一起穿着义工服背着捐款箱，在街道上来来回回地穿校，募捐慰问孤寡老人的慰问金；也曾在市场上义卖春联、回收月饼盒，想方设法让捐款箱的分量更重一点；还一起坐过几个小时的大巴，到云浮山区助学。这一路，迷雾四起，荆棘密布，是她让我接触了志愿服务这条路并从未迷失过方向，她为我引着灯，借此，我足以辨清远方，甚而望向她，感受一种坚守的责任、一种无畏的善良。更加带动着我热爱志愿活动，希望通过志愿活动，发挥自己的价值。

至于难忘的事情啊，当然有不少呀！

在高中担任校团委青年志愿者部部长的时候，学校给了我们很多的锻炼机会，我依旧记得我们的口号“校团委青年志愿者部，与你同在”。我们组织了非常多的志愿活动，最难忘的是有一次周六放学的时候，我和部门的同学一起到东明社区教老人家使用手机，发现有一位老爷爷的一个笔记本上密密麻麻地记录着每一位帮助过他的同学。作为年轻人，我们应该更多地关心身边的人，一件很小的事也可以带给人温暖。

另一件让我难忘的事就是担任中山市2020年大中学生公益志愿体验营副营长。我和几位小伙伴在中山市团市委微青年工作室实习，我们一起策划组织体验营的活动，一起熬夜策划开营仪式，一起陪伴着200多名大中学生在体验营活动中收获参与志愿活动的快乐与成长。

最近一件让我难忘的事要数今年的疫情了，当时全市要在一天之内

郭芷滢在中山市学生志愿服务分享交流会上发言

2018年中秋节郭芷滢（第二排左二黄衣女孩）参与慰问孤寡老人志愿服务

完成全民核酸检测，我作为一名在读大学生，积极地加入到志愿者的队伍中，穿着蓝色的防护服有序引导市民排队登记，一天下来汗流浃背，但是当我看到很多同学也积极地参与到防疫工作中的时候，我觉得我们“00后”也是同样满怀热血、乐于奉献的，我们都希望力所能及地奉献自身的力量、发光发热。

小编：你对自己未来参与志愿服务、传播志愿服务精神有什么规划和想法吗?

芷滢：现在我是一名广播电视编导专业的大三学生，我深知媒体传播的力量，在未来，我希望能运用所学的专业知识参与到志愿服务活动中去。今年实习的时候，我也参与制作了中山市人民医院医师节的宣传片、中山市应急管理局关于安全通行和新安法的宣教视频等。我希望终有一日，我能通过镜头记录我们志愿者的精神，让更多人了解并加入到志愿活动中来。

小编：你有什么收获和体会想跟中学生们分享的吗?

芷滢：我想说，志愿服务不仅促进了我的学习成长，更让我懂得了爱的意义。因为志愿服务，我认识了非常多心地善良的叔叔阿姨，他们身体力行地践行奉献的精神，却从不将荣誉挂在嘴边，默默地付出不求回报。我也见过平凡的社工，他们用大量的时间甚至是工作以外的时间陪伴需要帮助的人。做志愿者这些年，我没有一丝一毫的后悔，它让我养成了乐于助人的美好品质，成为更优秀的人，有些时候我甚至觉得我是被帮助的——我被帮助成为更好的自己。感谢志愿者的身份，让我觉得自己有源源不断的爱。

所以，我期待越来越多的中学生师弟师妹可以参与到志愿者的工作中来，不仅仅是因为这个世界有很多需要帮助的人，更因为做志愿者也是对自我的一种提升。我们不为报酬而来，也不为虚荣而来，更不为地位而来，这是一场心与心的等量交换，而这场交换最后的结果，永远都是无穷无尽的爱。

我只是一名普普通通的中山姑娘，我普普通通地成长，普普通通地做着自己想做的事。我会保持初心，因为我对志愿服务永远热爱。

郭芷滢获奖证书

第三节

坚持，我选择的公益路

在我们身边，有一些小伙伴通过参与志愿服务关注民生民情；关注社会服务；关注不同弱势群体的权益，他们因志愿服务而与公益事业结缘。他们或许以前从没想过，志愿服务还可以成为人生的职业方向，从此走上了职业“公益人”这条不一样的道路。从中学生到公益人的路有多长？我们一起来回顾他们的故事。

益童天使，关注重症患儿

“益童天使团”志愿服务队是在广州市天河区原点社会工作服务中心指导下，由广东青年职业学院社工毕业生发起，联合高校师生、医务人员和其他社会爱心人士共同组建的儿童友好型公益团体，聚焦癌症儿童的生理、心理、经济、社交、学习、环境六大需求，通过开设个案辅导、病区趣味课堂、病区微心愿、益童阅读、派发待用水果券服务等活动，提供精准服务和支持。“益童天使团”的创始人、仲恺农业工程学院2018级社会工作专业学生黄锐斌对小编说：“谁的青春不迷茫？感觉我的青春就是在这样真实而又洒落的旋律当中一步一步走向未来，我感受过迷茫，尝试过挣扎，遭受过质疑，体验过孤独，所幸我没有选择自甘堕落，而是选择了追求自己喜欢的事情——参加志愿服务。”以下是黄锐斌的自述，我们来看看他的成长经历。

初体验：学雷锋做好事

读小学的时候，我还没有“志愿者”的概念，直到上了初中，在漂流图书角活动中读了两本关于雷锋的书。那一次，我从头到尾一字不漏地将雷锋的故事翻了个遍，敬佩之情油然而生，雷锋同志在跟我差不多年纪的时候，已经懂得帮助他人服务社会，我是不是也可以学他做一些什么事情呢？后来我鼓起勇气给学校的团委书记写信，希望学校可以开展一些公益活动。团委书记肯定了我的想法，并鼓励我带领同学在校内外开展环境卫生整洁活动。

2014年那个暑假，刚刚中考完的我有了更多的时间做自己想做的事情。我第一次组织了8位初中同学前往普宁市流沙敬老院开展敬老慰问服务，同时也通过QQ空间向自己身边的同学发起捐书献爱心活动。经过两个月的努力，我和几个同学筹集了100本课外读物，捐给了我的母校普宁市流沙第六小学。通过这些经历，慢慢地，我的心中埋下了志愿服务的种子。

萌芽时期：带动一群人做好事

上了高中以后，我选择加入了普宁市第二中学绿色维护协会，它是一个环保公益社团。加入协会逐渐帮我打开了志愿服务的大门，我开始参与学长学姐组织的校内垃圾分类、环保知识宣传等环保公益活动。

一次偶然的机会，我跟随学长学姐一起去探望“星星的孩子”（自闭症儿童），我的心情既期待又害怕，期待着陪伴他们，又害怕自己面对他们不知所措。但经过一段时间的耐心陪伴和细心互动后，一些孩子就算不愿意说话，也会通过肢体语言向我们表达善意，我感受到莫大的满足和鼓舞。这些经历为我日后创立益童天使团、关注儿童群体打下了情感的基础。

高一下学期，我当选为普宁市第二中学绿色维护协会第14届会长。除了带动全体社员持续开展垃圾分类、环保宣传、爱心义卖等环保活动，我还专门成立了从事公益服务的社会实践部，带领着学弟学妹每星期到光荣院、敬老院和星君儿童康复训练中心开展探访活动。在高三那年，我荣获“最美揭阳少年”之“美德好少年”称号。

荣誉的背后，不仅是我在志愿服务道路上成长的体现，也让我对志愿服务的认识进一步加深。我的志愿服务兴趣不断增长，我开始找到了志愿

黄锐斌（右图右一）在中学组织开展环保知识宣传志愿服务活动

服务的意义，它给我的中学时光增添了不少新颖有趣的色彩。

正是一次又一次愉快而又温暖的志愿服务经历，触碰到了我心中最柔软的地方，后来填报高考志愿的时候，我毫不犹豫地填报了为社会弱势群体提供救助和服务的专业——社会工作专业。

扎根时期：带动一群人把好事做专业

大一，我如愿地就读了社会工作专业。当我对这个专业满怀期待的时候，身边出现了很多不同的声音，例如就业前景差、工作任务繁重、总会接触一些负面案例等。但这些声音没有阻挡我的脚步，而是引起了我的思考：社会工作到底是怎样的一个专业？我的性格和能力适合做社工吗？带着疑问和顾虑，我不停地参与社工服务，不断找寻社工的意义和价值。通过不断地学习和专业实践，我开始意识到自己所学的专业知识确实可以发挥实实在在的作用。

源于高中时期探访“星星的孩子”的志愿服务经历，我与困境儿童群体结下了不解之缘。2018年11月，我集结身边的同学组建了儿童友好型公益团体——益童天使团，定期组织志愿者为重症患儿等困境儿童提供专业志愿服务。我总是奔波在学校和医院之间，穿上色彩鲜艳的志愿者马甲，陪孩子们一起玩钓鱼、玩黏土、搭积木，我成了患儿眼里喜欢的大斌哥哥。

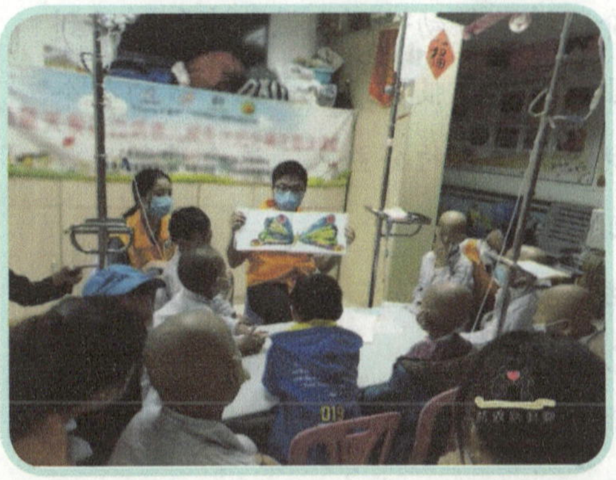

益童天使团在病房开展志愿服务

2019年，益童天使团共服务患儿及其家长1496人次，招募志愿者共348人次，志愿时数达1321小时。2020年，益童天使团在新冠肺炎疫情的背景下，积极发挥社会工作的专业优势，先后组织志愿者开展了防疫物资派送活动、线上战疫音频活动、患儿战疫作品和微心愿征集活动、六一探访活动、派发待用水果券等活动，获媒体多次报道。活动共服务患儿及其家长1607人次，服务社会大众13 418人次，招募志愿者共205人次，志愿时数达992小时。

作为初出茅庐又敢想敢做的大学生公益人，起步阶段也经历着很多挫折和无奈，可是孩子们的每一次微笑、家长们的每一次感谢都让我找到坚持的动力，志愿服务的根苗在我心底扎得更深了。

我想，不管我们扮演着什么样的角色、不管我们从事着什么职业，都可以用我们的一技之长为社会问题出谋划策。我期待结识更多不同领域而且跟我一样热爱公益的小伙伴，可以带给我们彼此更多想法和成长。

回顾自己的青春成长轨迹，从初中阶

益童天使团的“童心向党，护苗成长——关爱癌症儿童服务项目”获2020益苗计划“重点培育项目”称号

段的“自己学雷锋做好事”，到高中阶段的“带动一群人做好事”，再到大学阶段的“带动一群人把好事做专业”，志愿服务逐渐占据了我的整个生命，我慢慢地从一个迷茫的中学生蜕变为执着的公益人，这个过程虽曾遇到过困难和挑战，但我从未曾放弃自己的选择。

我一直相信，命是弱者的借口，运是强者的谦辞。既然如此，出发便是对青春最美的诠释，奋斗便是对自己最好的成全！

青草公益，守护流动儿童

2009年暑假，高考结束后的向芯、王向在母校广州市执信中学的支持下创立了专注服务流动儿童的青草公益团队。2012年青草公益团队在市民政局完成注册，成立广州市越秀区青草青少年成长服务中心，致力于改善流动人口子女的教育。青草公益通过开设职业探索课程、暑假夏令营、升学信息讲座等方式，给流动人口子女带去不一样的课堂体验和情感交流，丰富他们的生活。截至目前，累计受益流动儿童上万人。

向芯，哈佛大学本科毕业，现为哈佛大学教育学院博士后、讲师；王向，高考考入香港大学，先后前往美国、日本、德国求学，目前在德国互联网教育公司工作。她们是妥妥的两名“学霸”，当年作为执信中学学生的她们有怎样的故事？

缘起：因社会新闻起意，“青草公益”诞生

时间回到2009年的夏天。在广州市执信中学就读高三的向芯，高考前拿到了来自哈佛大学的录取通知书。她想，终于有时间可以干点“自己想干的事情”了！向芯高中时期参加了学校的模拟联合国活动，她说：“虽然我们只是一群高中生，但我们很认真地开会讨论全球气候变化这些大的命题。我慢慢意识到不能只盯着自己学习生活的那个小世界，要看见身边的其他人和事。”在模拟联合国的社团里向芯认识了不少全国各地的“模联”好友。“模联”好友在日常的讨论中，都很关心社会议题。但有什么议题是可以让他们这个年龄的学生真正去操作，并与社会发生直接关联

向芯（左一）和王向的高中合影

向芯（右一）和王向在青草公益十周年活动上的合影

的？他们并没有明确的事项。

“直到2009年夏天，我们高中快毕业的时候，无意间看到流动儿童打架斗殴的新闻。我们在学校一直做学生活动，所以想着能不能做些什么。”向芯说。因为当时同在执信中学的王向在准备着高考，所以她们决定，高考结束后就正式启动这一项目。一个叫作“青草公益”的组织就这样悄然诞生了。对于这个决定，向芯回忆道：“当年我们发起青草公益的时候，不过18岁。当时并不懂公益、教育、社会，只是单纯地希望给生活在同一座城市却没有那么幸运的孩子们组织一场夏令营。”

高考结束后，向芯和王向以及同校的几位同学开始寻找“目标人群”——外来务工人员子女。在没有任何现成联系方式的情况下，她们通过114查号电话、互联网等方式，搜寻可以和外来务工人员子女学校“搭上线”的方式。经过多番联系，也遭遇过不信任、冷漠的回绝，她们最终与广州市海珠区的康乐中学取得了联系。

“学校的教室是旧厂房改建的，外墙还在装修；没通地铁，只有一辆公交车直达。我们在高中母校找了20名同学当志愿者，带着30多名正在读初一的外来务工人员子弟开展第一届夏令营。早期我们的课程比较像学校的课程，有必修、选修。五天的时间里，我们给孩子们上英语、公民视角、历史、生物、地理等课；也带他们唱了人生中第一首英语歌，用毛笔和宣纸画竹子水墨画。"向芯回忆第一次开展活动情形时说道。

成长：从"草台班子"到教育公益组织

"2011—2012年，我们提出了比较明确的工作方法。用体验性学习的方法，通过创造一些体验，让他们做一些事情，实践他们自己的想法。在这个过程中让孩子们反思、学习。"向芯说，"来参加夏令营的孩子们年龄大多在11～15岁间，他们希望这些孩子在夏令营中能更清晰地认识自我，学会更好地与他人沟通，学会主动发问与思考，而不仅仅是接受课堂上的知识。"

此外，在这个公益组织里，她们还开启了"城市探索与融入"和"升学困境与职业生涯规划"两个项目，带领这些外来务工人员子女发现广州文化、广州之美，同时也希望能帮他们找到人生方向。

时光荏苒，"青草公益"从原来几个高中毕业生"想为外来务工子女做一点事情"而组建的临时团队，逐渐成长为一个有30余位海内外大学实习生全年运作的教育公益组织。他们也有了一个更加正规的名字——广州市越秀区青草青少年成长服务中心。①

青草公益夏令营活动

①谭铮．两个"女学霸"携手做公益一做10年［N/OL］羊城晚报，2019-08-22（A16）．http://ep.ycwb.com/epaper/ycwb/html/2019-08/22/content_35259_177696.htm.

“我们看重‘朋辈教育’，师生都是年轻人，‘让孩子教育孩子’，发挥学生的创意、动手能力和分析能力，而不是死记课本和知识点。”团队以大学实习生、高中志愿者以及初中随迁子女为三大服务群体，通过大学生、高中生带动初中生的齿轮效应，建设以双向、平等交流为基础，同龄人互相影响学习、共同成长的社区环境。成立以来，团队通过夏令营、羊城游学、职校升学等项目，为一万多名流动青少年提供教育交流机会与学习体验平台。目前青草公益与广州市执信中学、广东实验中学、广州外国语学校等中学的志愿者社团合作，共同招募夏令营的中学生志愿者。每年12—次年1月份招募夏令营营长，4—5月份招募夏令营引导者等。

王向说：“我们的组织为什么叫青草？‘青草’最原始的想法来源于执信中学绿色的校服，后来引申为每一株小草是很微小的力量，却拥有顽强的生命力，如果有更多人加入我们，小小青草就能长成大草原。期待更多‘小草’加入我们。”

广州市执信中学青草夏令营志愿者与外来务工人员子弟开展互动教学

附录一

志愿服务条例

（2017年6月7日国务院第175次常务会议通过，2017年8月22日中华人民共和国国务院令第685号公布，自2017年12月1日起施行）

第一章　总　则

第一条　为了保障志愿者、志愿服务组织、志愿服务对象的合法权益，鼓励和规范志愿服务，发展志愿服务事业，培育和践行社会主义核心价值观，促进社会文明进步，制定本条例。

第二条　本条例适用于在中华人民共和国境内开展的志愿服务以及与志愿服务有关的活动。

本条例所称志愿服务，是指志愿者、志愿服务组织和其他组织自愿、无偿向社会或者他人提供的公益服务。

第三条　开展志愿服务，应当遵循自愿、无偿、平等、诚信、合法的原则，不得违背社会公德、损害社会公共利益和他人合法权益，不得危害国家安全。

第四条　县级以上人民政府应当将志愿服务事业纳入国民经济和社会发展规划，合理安排志愿服务所需资金，促进广覆盖、多层次、宽领域开展志愿服务。

第五条　国家和地方精神文明建设指导机构建立志愿服务工作协调机制，加强对志愿服务工作的统筹规划、协调指导、督促检查和经验推广。

国务院民政部门负责全国志愿服务行政管理工作；县级以上地方人民政府民政部门负责本行政区域内志愿服务行政管理工作。

县级以上人民政府有关部门按照各自职责，负责与志愿服务有关的工作。

工会、共产主义青年团、妇女联合会等有关人民团体和群众团体应当在各自的工作范围内做好相应的志愿服务工作。

第二章 志愿者和志愿服务组织

第六条 本条例所称志愿者，是指以自己的时间、知识、技能、体力等从事志愿服务的自然人。

本条例所称志愿服务组织，是指依法成立，以开展志愿服务为宗旨的非营利性组织。

第七条 志愿者可以将其身份信息、服务技能、服务时间、联系方式等个人基本信息，通过国务院民政部门指定的志愿服务信息系统自行注册，也可以通过志愿服务组织进行注册。

志愿者提供的个人基本信息应当真实、准确、完整。

第八条 志愿服务组织可以采取社会团体、社会服务机构、基金会等组织形式。志愿服务组织的登记管理按照有关法律、行政法规的规定执行。

第九条 志愿服务组织可以依法成立行业组织，反映行业诉求，推动行业交流，促进志愿服务事业发展。

第十条 在志愿服务组织中，根据中国共产党章程的规定，设立中国共产党的组织，开展党的活动。志愿服务组织应当为党组织的活动提供必要条件。

第三章 志愿服务活动

第十一条 志愿者可以参与志愿服务组织开展的志愿服务活动，也可以自行依法开展志愿服务活动。

第十二条 志愿服务组织可以招募志愿者开展志愿服务活动；招募时，应当说明与志愿服务有关的真实、准确、完整的信息以及在志愿服务过程中可能发生的风险。

第十三条 需要志愿服务的组织或者个人可以向志愿服务组织提出申请，并提供与志愿服务有关的真实、准确、完整的信息，说明在志愿服务过程中可能发生的风险。志愿服务组织应当对有关信息进行核实，并及时予以答复。

第十四条　志愿者、志愿服务组织、志愿服务对象可以根据需要签订协议，明确当事人的权利和义务，约定志愿服务的内容、方式、时间、地点、工作条件和安全保障措施等。

第十五条　志愿服务组织安排志愿者参与志愿服务活动，应当与志愿者的年龄、知识、技能和身体状况相适应，不得要求志愿者提供超出其能力的志愿服务。

第十六条　志愿服务组织安排志愿者参与的志愿服务活动需要专门知识、技能的，应当对志愿者开展相关培训。

开展专业志愿服务活动，应当执行国家或者行业组织制定的标准和规程。法律、行政法规对开展志愿服务活动有职业资格要求的，志愿者应当依法取得相应的资格。

第十七条　志愿服务组织应当为志愿者参与志愿服务活动提供必要条件，解决志愿者在志愿服务过程中遇到的困难，维护志愿者的合法权益。

志愿服务组织安排志愿者参与可能发生人身危险的志愿服务活动前，应当为志愿者购买相应的人身意外伤害保险。

第十八条　志愿服务组织开展志愿服务活动，可以使用志愿服务标志。

第十九条　志愿服务组织安排志愿者参与志愿服务活动，应当如实记录志愿者个人基本信息、志愿服务情况、培训情况、表彰奖励情况、评价情况等信息，按照统一的信息数据标准录入国务院民政部门指定的志愿服务信息系统，实现数据互联互通。

志愿者需要志愿服务记录证明的，志愿服务组织应当依据志愿服务记录无偿、如实出具。

记录志愿服务信息和出具志愿服务记录证明的办法，由国务院民政部门会同有关单位制定。

第二十条　志愿服务组织、志愿服务对象应当尊重志愿者的人格尊严；未经志愿者本人同意，不得公开或者泄露其有关信息。

第二十一条　志愿服务组织、志愿者应当尊重志愿服务对象人格尊严，不得侵害志愿服务对象个人隐私，不得向志愿服务对象收取或者变相收取报酬。

第二十二条　志愿者接受志愿服务组织安排参与志愿服务活动的，应当服从管理，接受必要的培训。

志愿者应当按照约定提供志愿服务。志愿者因故不能按照约定提供志愿服务的，应当及时告知志愿服务组织或者志愿服务对象。

第二十三条 国家鼓励和支持国家机关、企业事业单位、人民团体、社会组织等成立志愿服务队伍开展专业志愿服务活动，鼓励和支持具备专业知识、技能的志愿者提供专业志愿服务。

国家鼓励和支持公共服务机构招募志愿者提供志愿服务。

第二十四条 发生重大自然灾害、事故灾难和公共卫生事件等突发事件，需要迅速开展救助的，有关人民政府应当建立协调机制，提供需求信息，引导志愿服务组织和志愿者及时有序开展志愿服务活动。

志愿服务组织、志愿者开展应对突发事件的志愿服务活动，应当接受有关人民政府设立的应急指挥机构的统一指挥、协调。

第二十五条 任何组织和个人不得强行指派志愿者、志愿服务组织提供服务，不得以志愿服务名义进行营利性活动。

第二十六条 任何组织和个人发现志愿服务组织有违法行为，可以向民政部门、其他有关部门或者志愿服务行业组织投诉、举报。民政部门、其他有关部门或者志愿服务行业组织接到投诉、举报，应当及时调查处理；对无权处理的，应当告知投诉人、举报人向有权处理的部门或者行业组织投诉、举报。

第四章 促进措施

第二十七条 县级以上人民政府应当根据经济社会发展情况，制定促进志愿服务事业发展的政策和措施。

县级以上人民政府及其有关部门应当在各自职责范围内，为志愿服务提供指导和帮助。

第二十八条 国家鼓励企业事业单位、基层群众性自治组织和其他组织为开展志愿服务提供场所和其他便利条件。

第二十九条　学校、家庭和社会应当培养青少年的志愿服务意识和能力。

高等学校、中等职业学校可以将学生参与志愿服务活动纳入实践学分管理。

第三十条　各级人民政府及其有关部门可以依法通过购买服务等方式，支持志愿服务运营管理，并依照国家有关规定向社会公开购买服务的项目目录、服务标准、资金预算等相关情况。

第三十一条　自然人、法人和其他组织捐赠财产用于志愿服务的，依法享受税收优惠。

第三十二条　对在志愿服务事业发展中做出突出贡献的志愿者、志愿服务组织，由县级以上人民政府或者有关部门按照法律、法规和国家有关规定予以表彰、奖励。

国家鼓励企业和其他组织在同等条件下优先招用有良好志愿服务记录的志愿者。公务员考录、事业单位招聘可以将志愿服务情况纳入考察内容。

第三十三条　县级以上地方人民政府可以根据实际情况采取措施，鼓励公共服务机构等对有良好志愿服务记录的志愿者给予优待。

第三十四条　县级以上人民政府应当建立健全志愿服务统计和发布制度。

第三十五条　广播、电视、报刊、网络等媒体应当积极开展志愿服务宣传活动，传播志愿服务文化，弘扬志愿服务精神。

第五章　法律责任

第三十六条　志愿服务组织泄露志愿者有关信息、侵害志愿服务对象个人隐私的，由民政部门予以警告，责令限期改正；逾期不改正的，责令限期停止活动并进行整改；情节严重的，吊销登记证书并予以公告。

第三十七条　志愿服务组织、志愿者向志愿服务对象收取或者变相收取报酬的，由民政部门予以警告，责令退还收取的报酬；情节严重的，对有关组织或者个人并处所收取报酬一倍以上五倍以下的罚款。

第三十八条　志愿服务组织不依法记录志愿服务信息或者出具志愿服务记

录证明的，由民政部门予以警告，责令限期改正；逾期不改正的，责令限期停止活动，并可以向社会和有关单位通报。

第三十九条　对以志愿服务名义进行营利性活动的组织和个人，由民政、工商等部门依法查处。

第四十条　县级以上人民政府民政部门和其他有关部门及其工作人员有下列情形之一的，由上级机关或者监察机关责令改正；依法应当给予处分的，由任免机关或者监察机关对直接负责的主管人员和其他直接责任人员给予处分：

（一）强行指派志愿者、志愿服务组织提供服务；

（二）未依法履行监督管理职责；

（三）其他滥用职权、玩忽职守、徇私舞弊的行为。

第六章　附　则

第四十一条　基层群众性自治组织、公益活动举办单位和公共服务机构开展公益活动，需要志愿者提供志愿服务的，可以与志愿服务组织合作，由志愿服务组织招募志愿者，也可以自行招募志愿者。自行招募志愿者提供志愿服务的，参照本条例关于志愿服务组织开展志愿服务活动的规定执行。

第四十二条　志愿服务组织以外的其他组织可以开展力所能及的志愿服务活动。

城乡社区、单位内部经基层群众性自治组织或者本单位同意成立的团体，可以在本社区、本单位内部开展志愿服务活动。

第四十三条　境外志愿服务组织和志愿者在境内开展志愿服务，应当遵守本条例和中华人民共和国有关法律、行政法规以及国家有关规定。

组织境内志愿者到境外开展志愿服务，在境内的有关事宜，适用本条例和中华人民共和国有关法律、行政法规以及国家有关规定；在境外开展志愿服务，应当遵守所在国家或者地区的法律。

第四十四条　本条例自2017年12月1日起施行。

附录二

广东省志愿服务条例

（1999年8月5日广东省第九届人民代表大会常务委员会第十一次会议通过，2010年7月23日广东省第十一届人民代表大会常务委员会第二十次会议第一次修订，2020年11月27日广东省第十三届人民代表大会常务委员会第二十六次会议第二次修订）

第一章 总 则

第一条 为了保障志愿者、志愿服务组织、志愿服务对象的合法权益，鼓励和规范志愿服务，促进志愿服务事业发展，倡导奉献、友爱、互助、进步的志愿服务精神，培育和践行社会主义核心价值观，促进社会文明进步，根据《志愿服务条例》等有关法律法规，结合本省实际，制定本条例。

第二条 本条例适用于本省行政区域内开展的志愿服务以及与志愿服务有关的活动。

本条例所称志愿服务，是指志愿者、志愿服务组织和其他组织自愿、无偿向社会或者他人提供的公益服务。

本条例所称志愿者，是指以自己的时间、知识、技能、体力等从事志愿服务的自然人。

本条例所称志愿服务组织，是指依法成立，以开展志愿服务为宗旨的非营利性组织。

第三条 开展志愿服务，应当遵循自愿、无偿、平等、诚信、合法的原则，不得违背社会公德、损害社会公共利益和他人合法权益，不得危害国家安全。

第四条 县级以上人民政府应当将志愿服务事业纳入国民经济和社会发展规划，将志愿服务事业发展经费纳入本级财政预算，合理安排志愿服务所需资金，促进广覆盖、多层次、宽领域开展志愿服务。

第五条 县级以上精神文明建设指导机构负责建立志愿服务工作协调机制，统筹规划本行政区域内的志愿服务事业发展，加强对志愿服务工作的协调指导、督促检查和经验推广。

县级以上人民政府民政部门负责本行政区域内志愿服务行政管理工作，拟订志愿服务行政管理政策措施，负责志愿者注册管理、志愿服务组织登记管理、志愿服务信息化管理、志愿服务活动规范管理，以及相关违法行为的调查处理等工作。

县级以上人民政府其他有关部门按照各自职责，负责与志愿服务有关的工作。

乡镇人民政府、街道办事处协助做好与志愿服务相关的工作。

共产主义青年团应当做好青年志愿服务工作，配合民政部门做好志愿服务教育培训和信息化等工作。

工会、妇女联合会、红十字会、残疾人联合会、工商业联合会、科学技术协会、文学艺术界联合会等其他有关人民团体和群众团体应当在各自的工作范围内做好相应的志愿服务工作。

第二章 志愿者和志愿服务组织

第六条 志愿者可以将其身份信息、服务技能、服务时间、联系方式等个人基本信息，通过国务院民政部门指定的志愿服务信息系统自行注册，也可以通过志愿服务组织进行注册。

志愿者提供的个人基本信息应当真实、准确、完整。

本省建立和完善统一的志愿服务信息平台，制定统一的信息数据对接标准，依托省政府政务大数据平台整合志愿服务相关信息和数据资源，实现全省志愿服务数据统一归集、统一管理和共享交换。

鼓励志愿者、志愿服务组织和志愿服务对象通过志愿服务信息系统开展注册登记、信息发布、供需对接、服务记录等活动。

第七条　志愿者享有下列权利：

（一）自愿加入或者退出志愿服务组织；

（二）自主决定是否参与志愿服务活动；

（三）获得所参与志愿服务的真实、准确、完整信息；

（四）获得所参与志愿服务的必要工作条件和安全保障措施；

（五）获得所参与志愿服务活动需要的培训；

（六）要求志愿服务组织解决在志愿服务活动中遇到的困难；

（七）要求志愿服务组织无偿、如实出具志愿服务记录证明；

（八）对所参与志愿服务活动提出意见和建议；

（九）法律、法规和志愿服务组织章程等规定的以及志愿服务协议约定的其他权利。

第八条　志愿者应当履行下列义务：

（一）接受志愿服务组织安排参与志愿服务活动的，应当服从管理，接受必要的培训；

（二）按照约定提供志愿服务，因故不能按照约定提供志愿服务的，应当及时告知志愿服务组织或者志愿服务对象；

（三）不得泄露在志愿服务中获悉的国家秘密、商业秘密、个人隐私以及其他依法受保护的信息；

（四）尊重志愿服务对象的人格尊严，不得侵害其合法权益；

（五）维护志愿服务形象和声誉；

（六）法律、法规和志愿服务组织章程等规定的以及志愿服务协议约定的其他义务。

第九条　志愿服务组织可以采取社会团体、社会服务机构、基金会等组织形式。

志愿服务组织应当按照有关法律、行政法规的规定，在县级以上人民政府民政部门进行登记，接受登记管理机关和业务主管单位的监督与管理。

不具备独立登记条件的组织，可以按照规定向依法登记的志愿服务组织申请成为其团体会员。

县级以上人民政府民政部门负责志愿服务组织标识工作。

第十条　志愿服务组织可以依法成立行业组织。

行业组织应当推动行业自律，反映行业诉求，推动行业交流，维护志愿者合法权益，促进志愿服务事业发展。

第十一条　在志愿服务组织中，根据中国共产党章程的规定，设立中国共产党的基层组织，开展党的活动，引导共产党员带头参与志愿服务活动。志愿服务组织应当为党组织的活动提供必要条件。

第三章　志愿服务活动

第十二条　鼓励志愿服务组织、志愿者在教育、科技、文化、卫生健康、体育、交通、旅游、社会保障、生态环境保护、治安防范、普法宣传、中小企业服务等领域，以及在应急救援、举办大型活动中开展志愿服务活动，积极参与社会治理与服务。

鼓励志愿服务组织、志愿者为老年人、残疾人、未成年人和其他特殊困难的社会群体或者个人提供志愿服务。

第十三条　志愿服务组织可以招募志愿者开展志愿服务活动；招募时应当向志愿者说明真实、准确、完整的下列信息：

（一）志愿服务开展时间和地点；

（二）志愿服务内容和要求；

（三）志愿服务对象及相关人员的身体和精神状况；

（四）志愿服务需要的志愿者身体条件、专业知识和服务技能；

（五）志愿服务工作条件和保障措施；

（六）与志愿服务有关的其他信息。

志愿服务组织招募时还应当向志愿者说明在志愿服务过程中存在的人身安全、身心健康风险以及其他可能发生的风险。

第十四条　需要志愿服务的组织或者个人可以通过志愿服务信息系统发布需求信息，也可以向志愿服务组织提出口头或者书面申请，并提供与志愿服务有关的真实、准确、完整信息，说明在志愿服务过程中可能发生的风险。

志愿服务组织应当通过现场调查、走访志愿服务对象、电话或者网络询问等方式核实与志愿服务有关的信息，并及时答复申请志愿服务的组织或者个人。

第十五条　有下列情形之一的，鼓励志愿服务组织、志愿者、志愿服务对象签订志愿服务书面协议：

（一）志愿服务期限在一个月以上的；

（二）为应急救援、大型活动等提供志愿服务的；

（三）志愿者不属于完全民事行为能力人的；

（四）志愿服务活动涉及境外人员的。

有下列情形之一的，志愿服务组织与志愿者应当签订志愿服务书面协议：

（一）对人身安全、身心健康有较高风险的；

（二）任何一方要求签订书面协议的；

（三）法律、法规规定应当签订书面协议的。

第十六条　志愿服务协议可以约定下列内容：

（一）各方的基本信息；

（二）志愿服务的内容、方式、要求、时间和地点；

（三）各方的权利与义务；

（四）志愿服务的工作条件、学习培训、安全保障和风险防范措施；

（五）相关责任条款；

（六）协议的变更、解除和终止；

（七）争议解决方式；

（八）其他需要约定的事项。

省人民政府民政部门负责制定志愿服务协议示范文本。

第十七条　志愿服务组织安排志愿者参与志愿服务活动，应当与志愿者的年龄、知识、技能和身体状况相适应，不得要求志愿者提供超出其能力的志愿服务。

安排不具有完全民事行为能力的志愿者参加志愿服务活动的，应当落实安全保护措施，并征得其监护人同意，必要时由其监护人陪同。

任何组织和个人不得强行指派志愿者、志愿服务组织提供志愿服务。

第十八条　志愿服务组织安排志愿者参与志愿服务活动，应当向志愿者普及志愿服务基础知识；需要专门知识、技能的，应当对志愿者开展相关培训。

志愿服务组织开展培训的内容、师资及时长应当满足志愿服务活动的需求。

县级以上人民政府民政部门会同有关单位编制志愿服务培训规范指引、基础知识文本，指导志愿服务组织规范培训工作。

第十九条　志愿服务组织开展志愿服务活动，可以使用志愿服务标志。志愿者和志愿服务组织不得利用志愿服务标志从事营利性活动。

第二十条　志愿服务组织应当及时为有需要的志愿者无偿、如实出具志愿服务记录证明。

县级以上民政部门建立志愿服务记录证明抽查制度，重点检查志愿服务记录证明的真实性、合法性，抽查结果向社会公开。

任何组织和个人不得伪造、变造或者使用伪造、变造的志愿服务记录证明。

第二十一条　志愿服务组织应当为志愿者参与志愿服务活动提供必要的工作、安全、卫生、医疗等条件，解决志愿者在志愿服务过程中遇到的困难，维护志愿者的合法权益。

志愿服务组织安排志愿者参与可能发生人身危险的志愿服务活动前，应当为志愿者购买相应的人身意外伤害保险。

志愿服务组织根据志愿服务活动的需要，可以向志愿者提供交通、食宿、通信等保障。

第二十二条　志愿服务经费的筹集、使用和管理，应当公开透明，并接受有关部门和捐赠者、资助者、志愿者以及社会的监督。

志愿服务经费应当专款专用，任何组织和个人不得私分、挪用或者侵占。

第二十三条　发生重大自然灾害、事故灾难和公共卫生事件等突发事件，需要迅速开展救助的，有关人民政府应当建立应急志愿服务协调机制，科学合理配置救助资源，引导、规范志愿服务组织和志愿者及时有序开展志愿服务活动。

志愿服务组织、志愿者开展应对突发事件的志愿服务活动，应当接受有关人民政府设立的应急指挥机构的统一指挥、协调。

第四章　促进措施

第二十四条　县级以上人民政府应当根据经济社会发展情况，制定促进志愿服务事业发展的政策和措施。

县级以上人民政府及发展改革、教育、公安、民政、财政、人力资源社会保障、生态环境、交通运输、商务、文化和旅游、卫生健康、退役军人事务、应急管理、广播电视、新闻出版、互联网信息、体育等有关部门，应当在各自职责范围内，为志愿服务提供指导和帮助。

第二十五条　各级人民政府和有关部门可以依法通过购买服务等方式，支持志愿服务组织运营管理、志愿者培训、志愿者人身意外伤害保险购买，鼓励和支持志愿服务组织承接扶贫济困、扶老助残、助医助学、环境保护、公共卫生、应急救援、社区治理等领域的公共服务项目，并依照国家有关规定向社会公开购买服务的项目目录、服务标准、资金预算等相关情况。

各级人民政府和有关部门可以通过孵化培育、能力建设、项目指导、创投活动等方式，培育扶持志愿服务组织。

第二十六条　鼓励自然人、法人和其他组织对志愿服务组织和志愿服务活动进行捐赠、资助。捐赠、资助财产的使用应当符合法律法规的规定和志愿服务组织的章程，尊重捐赠者、资助者的意愿。

自然人、法人和其他组织捐赠财产用于志愿服务的，依法享受税收优惠。

鼓励不具有公开募捐资格的志愿服务组织依法与具有公开募捐资格的慈善组织合作，依法开展公开募捐项目。

第二十七条　鼓励依法设立志愿服务发展基金，为发展志愿服务事业提供支持和保障。

志愿服务发展基金应当用于资助志愿服务项目开展、志愿者培训、志愿者表彰、志愿者权益保障、志愿者救助等。

志愿服务发展基金使用和管理应当依法接受有关部门和社会监督。

第二十八条　县级以上人民政府教育部门应当加强志愿服务教育，培养学生的志愿服务意识、能力，鼓励和支持学生利用课余时间参加适合自身特点的志愿服务活动。

高等学校、中等职业学校、普通高中应当支持学生开展相应的志愿服务活动，可以将学生参与志愿服务活动纳入实践学分管理。

第二十九条　对在志愿服务事业发展中做出突出贡献的志愿者、志愿服务组织，由县级以上人民政府或者有关部门按照法律、法规和国家有关规定予以表彰、奖励。

第三十条　县级以上人民政府民政部门应当会同有关部门建立志愿服务激励机制。鼓励在教育培训、就业创业、享受社会服务等方面对有良好志愿服务记录的志愿者给予激励。

县级以上人民政府民政部门应当指导推动志愿服务组织依托志愿服务记录，建立健全志愿服务时间储蓄制度，保障有良好志愿服务记录的志愿者在本人积累的志愿服务时数内优先获得志愿服务。

有良好志愿服务记录的志愿者因遭遇突发事件、意外伤害、重大疾病等原因导致生活困难的，由县级以上人民政府依法给予救助，志愿服务发展基金也可以依法给予救助；对不符合专项救助条件的救助对象，可以通过公益慈善组织、社会工作服务机构的慈善项目、社会募捐、专业服务、志愿服务等形式给予帮扶。

鼓励企业和其他组织在同等条件下优先招用有良好志愿服务记录的志愿者。公务员考录、事业单位招聘可以将志愿服务情况纳入考察内容。

博物馆、图书馆、美术馆、体育场馆等公共服务机构，公园、旅游景点等公共场所以及城市公共交通，可以根据实际情况，对有良好志愿服务记录的志愿者给予优待。鼓励商业机构对志愿者提供优先、优惠服务。

有良好志愿服务记录的志愿者的认定标准，按照国家和省有关规定执行。

第三十一条　县级以上人民政府应当建立健全志愿服务统计和发布制度。

县级以上人民政府民政部门应当组织统计，并定期向社会发布本行政区域内志愿者和志愿服务组织的发展状况、志愿服务活动的开展情况等信息。

第三十二条　基层群众性自治组织可以运用社区综合服务设施，整合社会工作资源，搭建社区志愿服务平台，为志愿者注册、参与志愿服务活动提供便利条件，方便群众接受志愿服务。

鼓励和支持新时代文明实践中心开展志愿服务工作。

鼓励和支持医院、养老服务机构、儿童福利机构、救助管理机构、学校、博物馆、图书馆、美术馆、体育场馆等公共服务机构设立志愿服务站点，招募志愿者提供志愿服务。

第三十三条　广播、电视、报刊、网络等媒体应当积极开展志愿服务宣传活动，传播志愿服务文化，弘扬志愿服务精神。

鼓励公共服务机构、公共交通单位开展志愿服务公益宣传。

第五章　法律责任

第三十四条　县级以上人民政府民政部门和其他有关部门及其工作人员有下列情形之一的，由上级机关或者所在单位责令改正；对直接负责的主管人员和其他直接责任人员依法给予处分；构成犯罪的，依法追究刑事责任：

（一）未依法履行监督管理职责的；

（二）在政府购买服务活动中违反政府采购法律法规的；

（三）其他滥用职权、玩忽职守、徇私舞弊的行为。

第三十五条　任何组织和个人违反本条例第二十条第三款规定，伪造、变造或者使用伪造、变造的志愿服务记录证明的，由民政部门予以警告，责令改正，并可以向社会和有关单位通报。

第三十六条　任何组织和个人违反本条例第二十二条第二款规定，私分、挪用或者侵占志愿服务经费的，依法追究有关人员的法律责任。

第六章　附 则

第三十七条　本条例自2021年1月1日起施行。

附录三

志愿服务基本术语（MZ/T 148—2020）

（中华人民共和国民政部2020年3月24日发布，2020年3月24日实施）

1 范围

本标准界定了志愿服务、志愿者、志愿服务组织的基本术语及定义。本标准适用于在中华人民共和国境内开展的志愿服务。

2 志愿服务

2.1 志愿服务 volunteer service

志愿者、志愿服务组织和其他组织自愿、无偿向社会或者他人提供的公益服务。

2.2 志愿服务精神 spirit of volunteerism

奉献、友爱、互助、进步。

2.3 志愿服务文化 culture of volunteerism

志愿者、志愿服务组织和社会所认同的志愿服务使命、愿景、宗旨、理念、价值观等精神要素，以及体现这些精神要素的物化载体和制度设计。

2.4 志愿服务制度 institution of volunteer service

为促进志愿服务发展所制定的要求志愿者、志愿服务组织和志愿服务工作者遵守的法律、法规、规章、政策以及准则。

2.5 志愿服务活动 volunteer activity

志愿者、志愿服务组织和其他组织开展或参与的志愿服务行为。

2.6 志愿服务项目 volunteer project

在一定的周期内，面向特定服务对象或领域开展的，具有明确的服务目标、服务时间、服务内容和服务保障的志愿服务活动。

2.7 志愿服务品牌 volunteer service brand

服务成效显著，具有广泛社会影响力、公信力和美誉度的志愿服务。

2.8 志愿服务需求 need for volunteer service

个人、群体、组织、社会希望通过志愿服务予以解决的事项。

2.9 志愿服务管理 volunteer service management

对志愿服务进行组织、协调、指导、规范、监督的过程。

2.10 志愿服务运营管理 volunteer service operation and management

对志愿服务组织及其开展的志愿服务活动进行计划、实施、监控和持续改进的过程。

2.11 志愿服务对象 volunteer service recipient

获得志愿服务的人、组织、事物以及环境。

2.12 志愿服务岗位 volunteer assignment

为满足志愿服务需求设立，由志愿者承担的具有相应职责、要求和规范的工作任务。

2.13 志愿服务时间 volunteer hours

志愿者实际提供的以小时为计量单位的服务时长。

2.14 志愿服务记录 volunteer service records

志愿服务组织和其他依法开展志愿服务活动的组织记录志愿者参加志愿服务的信息。

注：记录信息一般包括志愿者的身份信息、服务技能、服务时间、联系方式以及志愿服务情况、培训情况、表彰奖励情况、评价情况等。

2.15 志愿服务记录证明 volunteer certificate

依据志愿服务记录信息，无偿、如实出具的证明志愿者参加志愿服务有关情况的制式材料。

2.16 志愿服务协议 volunteer service agreement

志愿者、志愿服务组织、志愿服务对象以及其他相关方之间达成的，明确各方在志愿服务中的权利义务关系、服务事项等内容的共同约定。

2.17 志愿服务风险 risk in volunteer service

在志愿服务中，志愿者、志愿服务组织、志愿服务对象或其他相关方发生危险、伤害、损失的不确定性。

2.18 志愿服务保障 volunteer service assurance

为确保志愿服务正常开展和利益相关方权益而采取的制度设计和具体举措。

注：具体形式有志愿服务政策法规及志愿者补贴、志愿者保险、志愿服务场地、志愿服务培训等。

2.19 志愿服务评估 volunteer service evaluation

用科学和系统的方法对志愿服务管理、活动、项目以及服务成效进行动态监测与静态总结考评。

2.20 志愿服务“时间银行” volunteer service “time bank”

为促进志愿服务可持续发展，建立的志愿服务时间存取机制。

2.21 志愿服务供需对接 matching supply and demand for volunteer service

将志愿服务资源与志愿服务需求进行有效匹配的过程。

2.22 专业志愿服务 professional volunteer service

运用专业技能提供的符合职业或行业标准和规程的志愿服务。

3 志愿者

3.1 志愿者 volunteer

以自己的时间、知识、技能、体力等从事志愿服务的自然人。

3.2 志愿者管理 volunteer management

通过计划、组织、指挥、协调等手段，开展志愿者招募、培训、使用、评价、激励等工作，以期达到既定目标的过程。

3.3　志愿者招募　volunteer recruitment

为征召具备相应条件的志愿者而开展的动员、遴选等活动。

3.4　志愿者注册　volunteer registration

志愿者将个人真实、准确、完整的基本信息，通过国务院民政部门指定的志愿服务信息系统或志愿服务组织进行注册登记的过程。

3.5　志愿者培训　volunteer training

以提高志愿服务水平为目的，向志愿者传授参与志愿服务所需理念、知识和技能等的活动。

注：志愿者培训一般分为志愿者通用培训、专业培训、岗位培训。

3.6　志愿者通用培训　general volunteer training

针对志愿者开展的志愿服务理念、权利与义务等基础知识培训。

3.7　志愿者专业培训　professional volunteer training

针对志愿者开展的职业技能、技术规范等专业知识和技能培训。

3.8　志愿者岗位培训　volunteer assignment training

针对志愿者开展的工作任务、业务流程、服务规范等岗位职责培训。

3.9　志愿者激励　volunteer incentives

激发和鼓励志愿者参与志愿服务的措施。

3.10　志愿者保险　volunteer insurance

为应对志愿服务风险，志愿者在参加志愿服务期间获得的保险。

3.11　志愿者补贴　volunteer allowance

志愿服务组织或其他组织、单位对志愿者在志愿服务中支出的交通、通信、食宿等费用给予的补助。

3.12　志愿者证　volunteer card

证明持有者具有志愿者身份的证件。

3.13　星级志愿者　star volunteer

根据志愿服务时间、服务质量等考核标准，获得星级认定的志愿者。

3.14　志愿者权益保护　volunteer rights and interests protection

为确保志愿者参与权、知情权以及人格尊严、人身安全、个人隐私等方面的合法权益，所提供的保护举措。

3.15　志愿者伦理守则　volunteer code of ethics

志愿者在参与志愿服务时应遵守的道德规范和行为准则。

4　志愿服务组织

4.1　志愿服务组织　volunteer organization

依法成立，以开展志愿服务为宗旨的非营利性组织。

注：志愿服务组织可以采取社会团体、社会服务机构、基金会等组织形式。

4.2　志愿服务团体　volunteer group

经社区或单位同意成立的，以开展志愿服务为宗旨，尚未依法登记的团体，大多采取志愿服务队等形式组建，一般也称为志愿服务团队。

4.3　志愿服务站　volunteer service station

国家机关、企事业单位、人民团体、基层群众自治性组织及其他组织设立的用于开展志愿服务的相对固定场所。

后记

广东省团校（广东青年政治学院）历来重视志愿服务的教学研究工作，以谭建光教授为核心的教研团队多年来在青年志愿服务理论与实践研究中耕耘不辍，积极推动志愿服务与青少年、青年工作的互促发展。本次教研团队将目光聚焦到中学生群体，成立中学生志愿服务实用教程编写组，在了解中学生志愿服务发展现状和特点的基础上，结合中学生开展志愿服务的成长需要和社会各界对中学生参与志愿服务的现实期待，选取适合中学生学习和实践的志愿服务政策文件、知识技能、内容案例等编撰成本书，希望能够对广大青少年群体进一步学习志愿服务精神，强化实践动力和技能提供帮助。

经过多次的调研、座谈和问卷调查，编写组欣喜地发现：

第一，越来越多的中学生热衷于参与志愿服务，他们在服务中更充分认识自我、更全面了解社会，领悟志愿服务精神的同时，在内心种下友爱、奉献的种子。一位同学表示，在多次去福利院探访爷爷奶奶后，真切地感受到老人也很需要陪伴，他自己的爷爷奶奶也一样；也有一些同学是因为其他同学的参与而参与，但最终是因为自己有所收获而决定继续留下（做服务）；一位同学甚至向我们“抱怨”，我们的志愿服务机会经常一发布出来就“秒光”，动作稍慢就抢不到。

第二，大部分学校都非常重视中学生志愿服务工作的开展，并以多种方式建立服务机制和渠道，很多老师牺牲休息时间带学生外出开展服务实践。广州市执信中学将志愿服务纳入学校德育工作，并打造多个志愿服务品牌，学生自主策划、自主开展、自主服务的热情高涨。佛山市顺德区李伟强职业技术学校将志愿服务与学生专业技能学习、综合素质提升及职业发展充分结合，很多学生在志愿服务中锻炼了能力、建立了信心、找到了未来的方向。梅州松口中学探索将志愿服务与共青团员的培养、锻炼融合的机制，在服务实践中充分展现青少年学生的青春活力、责任担当。相当部分的学校还联合家委会、家长一起挖掘志愿服务资源，成立志愿服务组织，建立志愿服务实践基地，开发志愿服务项目，实现了良好的家、校、社互动。

第三，社会热情拥抱中学生志愿服务，为中学生的公益启蒙提供机会和支持。校园是中学生志愿服务的首要阵地，各社区、各社会服务机构是中学生持续激发志愿服务热情和动力的重要场域。中学生到特殊儿童服务机构，与那些特殊的“小天使”一起游戏、读书，陪伴他们的童年成长；到老人院与爷爷奶奶交流读报，带来社会热点信息和青春故事；到社区开展环保主题活动，向叔叔阿姨们介绍垃圾分类的原则和投放时间；到老城区、文化遗址探索历史故事，用属于青年人的方式记录、表达、宣传他们的所见所闻、所思所想。各单位工作人员、机构工作团队、社区干部等为此投入心力。一位青少年社工说："我们希望更多的中学生能够参与到服务中来，并且能够持续地做服务。为此，我们要设计好每个实践环节，让他们不仅看到志愿服务能够帮助到他人，同时可以帮助到自己，看到自己的进步和成长。"

正是这些朴实而热烈的表达时刻感动着编写组的每位成员，我们也力求尽可能地回应老师、同学对本书提出的建议和期待。本书大纲经过反复讨论和完善，在撰写的过程中，编写组的成员也多次交流讨论，力求全书风格和文字的统一。本书编写分工如下：导言、第一章：马凯；第二章：胡启谱；第三章、第六章：凌莉；第四章：李凌鸥、汪彩霞；第五章：张夏妮。感谢在收集资料和编写的过程中，各中学、机构等给予我们积极的回应和实际的支持帮助。一次次的走访座谈、意见交流，一次次的资料提供、文字校对、图片收集，使本书的编写超有"料"。感谢5位优秀的学生志愿者代表，吴丹燕（揭西县棉湖第二中学2022届学生）、陈阳东（东莞理工学校2022届学生）、邝大程（雷州市附城中学2021届学生）、郭芷滢（中山市华侨中学2019届学生）、黄锐斌（普宁市第二中学2017届学生）欣然接受我们的邀请，写下自己的志愿服务成长历程。感谢谭建光教授多次指导并为本书"志愿"写序，使本书得到了内涵的"加持"。感谢广东省团校（广东青年政治学院）学校领导和各部门的支持，让我们编写本书的想法得以实现。

当然，我们深知无论是中学生志愿服务，还是本书的编写，都还存在着亟待发展和完善的空间。比如对中学生志愿服务的边界和内涵界定，比如志愿时的登记途径和方法，比如志愿服务如何更有效地与学校育人、学生成长有机融合等议题，还需要梳理。而随着“互联网+志愿服务”的深度发展，志愿服务包括中学生志愿服务都面临着许多新的问题和挑战。这些都是极富价值和意义的议题，值得为此不懈努力、共同探索。我们更期待本书能够成为中学生志愿服务经验交流和持续发展的助推力量，在中学生志愿服务的实践中深化志愿服务的助人、育人双功能。

致谢

▶中　学

- 广东实验中学（初中部）
- 广州市执信中学
- 广州市南海中学
- 广州市第二中学
- 华南师范大学附属中学
- 佛山市顺德区李伟强职业技术学校
- 佛山市高明纪念中学
- 顺德华侨中学
- 中山市实验中学
- 中山市华侨中学
- 中山市第二中学
- 中山市桂山中学
- 东莞理工学校
- 湛江市廉江中学
- 广东省新兴中药学校
- 云浮市邓发纪念中学
- 广东肇庆中学
- 肇庆市高要区第一中学
- 惠州市华罗庚中学
- 普宁市第二中学
- 揭西县棉湖第二中学
- 汕头市金山中学

▶机　构

- 广东省志愿者行动指导中心
- 共青团广东省委青年发展部
- 共青团潮州市委
- 广东省立中山图书馆中文报刊部
- 中舞协街舞委员会广东街舞青年支教志愿服务队
- 广州市越秀区青草青少年成长服务中心
- 广州启创社会工作服务中心
- 广州市天河区启智社会工作服务中心
- 佛山市顺德区均安镇梦之坊青少年联谊会
- 南海桂城义工联
- 益童天使团志愿服务团队